献给妈妈——这是她的故事。

蒲公英

言若 著

生命是场旅行 随时准备着随遇而安
但我更愿说 它就是一场折腾 你得等着它自己尘埃落定

献给妈妈

云南出版集团
云南人民出版社

图书在版编目（CIP）数据

蒲公英 / 言若著. -- 昆明：云南人民出版社,
2017.11
ISBN 978-7-222-16557-1

Ⅰ. ①蒲… Ⅱ. ①言… Ⅲ. ①散文集－中国－当代
Ⅳ. ①I267

中国版本图书馆CIP数据核字(2017)第260042号

责任编辑：周 颖
装帧设计：胡元青
责任校对：王比湘
责任印制：马文杰

蒲公英
●言若 著

出版 云南出版集团 云南人民出版社
发行 云南人民出版社
社址 昆明市环城西路609号
邮编 650034
网址 www.ynpph.com.cn
E-mail ynrms@sina.com
开本 787mm×1092mm 1/16
印张 8.75
字数 120千
版次 2017年11月第1版第1次印刷
印刷 昆明卓林包装印刷有限公司
书号 ISBN 978-7-222-16557-1
定价 32.00元

云南人民出版社公众微信号

如需购买图书、反馈意见，请与我社联系
总编室：0871-64109126 发行部：0871-64108507 审校部：0871-64164626 印制部：0871-64191534

自荐

犹豫着。从最后修改完成直至现在，有好几个月了，说得上是好长的一阵子：花儿萎了又开了，树叶黄了又绿了——稿子，还在我手里。表面上，现在发稿的渠道很多；但于我而言，却很少。像一个把孩子生下、养大的妇人，那孩子已然到了要离家的年纪；做母亲的，却并不能陪着她去——只能把她托付给一个“信得过”的监护人。于是，寻找、观察、权衡；最后，才肯将那孩子交到那人的手上，说：去吧——再没有在寻找到这样的人之前的那般忐忑与紧张的了！

忐忑着。又不能说服自己克制住那极力想把“它”发出去的念头——这么做，对“它”不公平。《蒲公英》的写作动机很偶然，起源于一次故地重游升起的对童年与故乡的万般回忆与留恋；经历了接近一年的时间，它完成了。现在，小说的主人公乃至其他人，境遇有的已经发生了剧烈的变化；有的没有——这些，我想，《蒲公英》是一个对这一切的对照与纪念；况且，既然写出了它，便要尊重它的存在，没有理由剥夺它面世的权力——至于最终结局可不可以，另当别论；起码，试一试……换做10年前，或者，20年前，可能，我不会这么忐忑吧？那时的人儿，什么都受得起……可现在的我，猜测着：她的机运能有几分？谁会读到她并且欣赏她？甚至想：若是她不仅能够发表，还能出版，甚至，还被制作人看到并且将之搬上荧幕……那么，她该是多么的幸运！

但是，我凭什么呢？《蒲公英》的故事普通得不能再普通：没有离奇，没有惊悚，没有大喜大悲，没有跌宕起伏；普通的人，普通的生活，小人物的梦想与希望，纠结与挣扎——它就像，小时候，妈妈凉在那个大凉水瓶里的白开水，在这滋味齐全、各种饮料应有尽有的今天，还有人，愿意喝吗？

我在做着一个美好的梦。但若还有梦的力气，梦一梦又何妨呢？而且，也许，某一天，它真的成真了呢？

来吧，此刻，就让我重返20岁，或者，30岁。

谢谢。

目录
CONTENTS

第一章 故乡 / 1

第二章 远行 / 41

第三章 流年 / 57

第四章 盘桓 / 85

第五章 惶惑 / 101

第六章 尾声 / 117

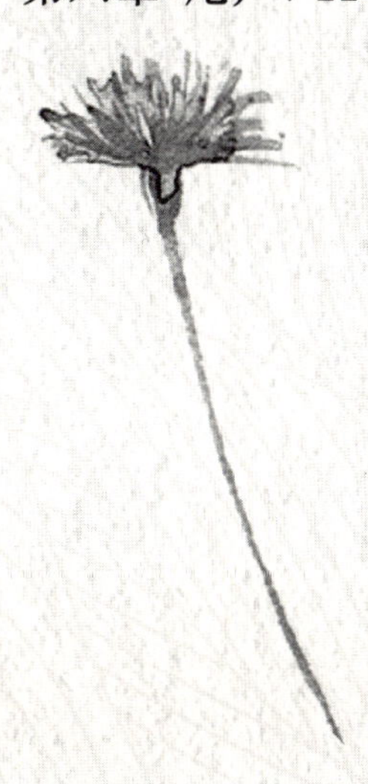

兹以此书献给20世纪60至90年代为水电站建设而献身的人们。

——题记

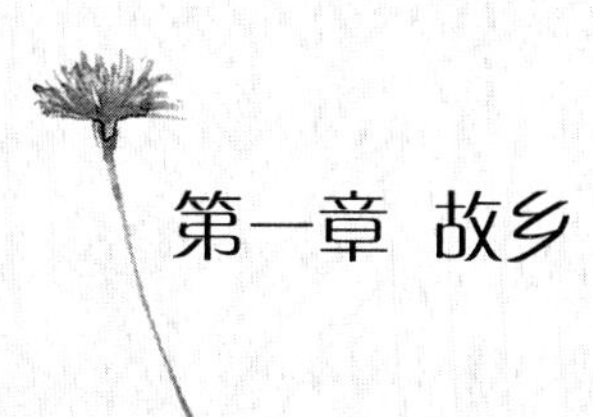

第一章 故乡

1

像我这样的女孩，到处都是。林言斜倚在墙边，眺望着窗外。已经是春天，对面的荒地长满了野草，草丛里零零落落一些野花，点缀的颇有些好看。一阵风起，草地里便一片一片地飞出毛茸茸的蒲公英来，飘飘悠悠地四下里散开，又细又白，像是满天飘雪一般。林言一探身，接住了一枚，那小小的伞便在她手心里软软地依靠下来。林言四处看看，家里的院子，全都铺上了地砖，这小东西，来到这里，是要寻找扎根的地方吗？可是，哪里可以呢？这无疑是铜墙铁壁嘛。林言看着手心里的软絮，叹了一口，突然觉得，自己不正像这野地里生长的蒲公英，撑开了自己的人生，却不知何处着陆吗？林言绕了一圈，想把这小东西安置在花盆里，想想又觉不妥，索性站定，蒲公英的梦，定然不仅止于此吧，既已出行，或生根发芽或衰败枯萎，倒不妨成全了它呢！这样想着，林言便把蒲公英捧到嘴边，“噗——”地将它吹了出去，眼看它晃晃悠悠地飘

。

回到了那一天的飞絮里。

林言这样的女孩，谈不上漂亮，拾掇拾掇也还能看，没家世，没背景，教育上甚至还不是科班出身，两手空空——有的只是要做点什么以改变自己命运的盼望。追本溯源，出生环境对一个人的气质性格是有很大影响的，可说起老家来，原本却是林言最不好回答的问题——父母少小离家，家乡是西南一个偏僻的县城，据说坡陡山大，冬天漫长；因为车票昂贵而且路途遥远的原因，林言从未跟随父母回去过，唯一对老家的印象，便是父母每月认真盘算着给老家邮寄汇款：外公外婆、奶奶、舅、叔……一串模糊的名单过去。偶尔，父母也会讲起，老家盛产樱桃，圆圆的，又红又甜，是最美味的水果了呢。小林言没尝过樱桃，甚至也没有见过外公外婆奶奶的照片，不过她觉得，他们一定跟电影上的那些外公外婆奶奶一个模样，也一样的疼爱小孩子的，至于有没有馒头和糕，那倒是次要的了。林言是在爸爸建设的工地上出生的，那时候，妈妈已经从老家跟了过来，除了没回过老家，小时候的林言倒也不觉得苦，爸爸上班，妈妈在家总是手脚不停地做事：喂猪、喂鸡、涮洗、车衣服，做鞋、做饭，为了解决体质单薄的姐姐老爱生冻疮的问题，家里甚至还养了兔子——兔毛可以用来做鞋垫。林言和姐姐哥哥的任务，便是放了学给家里的兔子带把草回去；狗和猫，由兄妹三个自己照顾。有时候，妈妈会从爸爸单位的招待所接了活来，洗大床大床的被单，盛着它们的往往就是那个巨大的红颜色的塑料盆。不管天气冷暖，妈妈总是卷着高高的袖子，光脚赤手坐在水龙头下，一遍一遍地，把堆得小山一般的被单清洗干净。有时候恰巧放了学，长林言两岁的姐姐便总是跑去帮忙，和妈妈一人抓住被单的一头，憋足气使劲把水拧干，再跟妈妈一起晾晒开来。看林言也想跟去，妈妈便腾出一只手来急忙招呼——小老三，回去回去！看书去！林言便退回去，挽了书包，兀自展开作业做起来。林言的学习好——这是让林言妈妈最脸上有光的事：从小学到初中，几乎每年都考第一名，每年都当三好生，同班的同学，放了学撒野，只要说是跟林言一起玩的，家长们便都准假。同时，由于自家养猪养鸡，每月吃几次肉是没有问题的，一班孩子里，林言出落得高挑秀气。妈的希望都在你身上呢！——对妹妹享有的少干活甚至不用干活的待遇，长林言两岁，却矮着林言一个头的姐姐，说起这话来，怎么听都有些酸。直到初二，妈妈的一顿暴打，结束了姐姐的揶揄。

2

初二，林言的多事之年。首先是好好的，竟接到一张羞羞答答托人转过来的纸条——我是一个崇拜你很久很久的人……请于今晚自习后，学校后操场上相见一面……这种传纸条的方式，是那时班上不知从何时兴起的流行，男生女生们上课下课扎堆在一起，谈的话题从刚播的电视剧到本班的新闻，哄笑中也多了几分暧昧。虽然流行，林言却自然是不敢去。家里家教甚严。虽可以不用干活或者少干活，但却不可以做错事而不挨打。家里孩子，大哥性倔，挨打最多；姐姐体弱，打得少些；林言贪玩，也没少吃“跳脚米线”。所以，任是林言有了天大的胆，想到妈妈手里的棍子（有时候是并成一把的筷子），那点好奇心也被吓得退了个干干净净。人想躲事，事偏来。林言下了自习兀自回家，结果前脚到家，后脚便听到一帮男同学在埂子下叫唤：林言——林言——许是心虚，那叫唤也叫得躲躲闪闪。林言自然不敢出去，也不敢抬眼望人，妈妈一开始是疑惑，后来听得心头火起（一向，妈妈便不许女儿与男生“多来少去”），再一看林言那副神情，心下当即明白了个大概。二话没说，操起门后的棍子，便朝林言打去，林言不及辩解，腿上便狠挨了一下，害怕加上委屈，逼得林言“哇——”的一声大哭出来。门外霎时没了声音。那夜，林言的哭声，像是一把野火，把门外烧了个寂静；也把林言心里那点儿对少男少女之间的好奇，彻彻底底烧变成恨了。不过，比起后来的那一场，这顿打，只算得一个前奏。这个开头，像春天里丢下了的一颗种子，躲藏着，酝酿着，生长着，直到某一天，便突然地绽放开来：热烈、不寻常、不管不顾。挨打的第二天，林言便知道了纸条事件的主角——瘦瘦高高，架着一副眼镜的明。明的妈妈就在学校当老师，爸爸是工程师，两兄弟，明是老大，明的家境宽裕，学习也还数得上，平时话并不多，和班里那一班闹闹嚷嚷的男生比起来，甚至显得有些文弱。他一早便托了同学递了纸条来，大意是说：你为什么没去和很对不起的话，并且署上了名。其实，林言昨天从传纸条的女同学那遮遮掩掩的话语中就有一些猜测，昨晚那群声音里，也听出三三两两的有人撺掇，心里也大概明白了几分；本来，对这样的一个同学，林言也并不反感，偶尔，因为操持班里的事，也还会说上几句话。这回，因为他一张纸条，便害得林言挨了一顿，心里自是忿恨不已了。林言也恨自己，为什么索性不接纸条，或者接过来就当场丢

掉，反而还有点想三想四？！活该挨了这顿。打也打了，吵上一架也是于事无补，谈不上原谅，林言只是不想纠缠下去，索性由他去吧。决计不再理会。当天下了学，明等同学散尽了，便走上来，也不敢离得太近，隔着两排桌子，低低地说了声：“对不起！”——林言已经收拾好东西要走，听得他走上前来，本要拔脚就走，动作却不自觉地延缓下来，许是昨晚的委屈还憋在心里，想发泄两句；听到他的道歉，却也不好再说什么，回了一句：以后别再传纸条了。低着头，快步走出了教室。自此，果然天下太平。妈妈可能相信那不算轻巧的一棍子已经给林言收了心，林言也再也没有接到过

明的条子，见了面，双方也没什么话。“纸条事件”也算是划了个句号。转眼到了下学期，离期末考试还有些日子，学校里却是出了大事情了。那天早上，同班的三位女同学都没来上学。不打招呼，而且一下不见了叁，这是自建校以来就从未有过的事，听说校长都急了。中午下学回家，听到大人们议论，说是李家的大女儿（也就是林言班上的其中一个女生）带着几个女孩子离家出走了，留了纸条说要出去打工，头天就走的了，这会儿，也不知到了哪里了，家里爹妈都急得发疯，几个女孩子家怎么能瞒着大人走掉的呢，唉，都是姑娘家，可千万不能出了什么事情才好。说到这里，妈妈说，不会不会，孩子家，身上能有几个钱？搭个便车到了车站，也肯定只能回来。不知为什么，说到这里，妈妈就往林言这边瞅了瞅。林言耳中，听到了一个“钱”字，霎时心惊肉跳——完了完了！这天杀的李美娜！原来是这样！心里的忐忑霎时蔓延开来，林言的脑里一片糊涂，眼见得妈妈的嘴皮在动，以后的话，林言却是一个字也没有听进去。支吾着躲到里间，作业也没有心思写，勉强撑到上学，逃也似的奔学校去。去了学校，班上也是一片骚乱，大家的窃窃私语，让上课的老师也没了招法，索性放了做自习。一种压抑的亢奋在班里扩散开来，恰像一锅将开未开的水，煮得空气里无由的紧张。林言一言未发，只管将笔在本子上划过来划过去，做出正在写作业的样子，脑里却是乱到了空白，对一些同学偶尔投过来的目光和指点，爱面子的林言已经无暇顾及了。她知道，她闯了祸，而

且，是个超级、巨大、远非自己能够承受的一个大祸：她不知道，此时，她应该为谁祈祷？李美娜们？还是自己？十四岁的她，还不能想到为李美娜们的命运担忧；她只知道，这回，妈妈，怕要把她连皮带骨生吞了。她活该。为了那该死的30元钱，没有解决的办法，无法逃避，没有明天……她林言就要死了。那天杀的30元钱！那天杀的李美娜！大约一个星期以前，李美娜来找林言，要她帮一个忙。其实，林言和李美娜的关系谈不上熟。李美娜是上一届毕业生，刚从另一个工点的子弟学校转过来复读不久，年龄比同班女生要大几岁，因为这个原因，班里跟她在一起玩耍的女生也很少；孩子们几乎都受到过家长的暗示：李美娜是个复读的女孩子，年龄不小了，想法也复杂，最好不要接触。林言的妈妈甚至警告过林言：不许和她有任何瓜葛！同学可以，可林言做不到。她是班长，哪有班委主动疏远同学的？所以，林言并没有把妈妈的警告带到学校，照常的和李美娜相处——说到相处，也不过跟对待别的普通同学一样罢了，私下里也没什么交往；况且，都初二了，谁还有时间往一块儿混呀。没料想，帮个忙，帮出个天大的瓜葛来！李美娜找林言，是请她帮忙借钱的。向谁借？明。李美娜说，只要帮忙说一声就行。林言哪知道，这说一声，已是作保的意思？自顾想，不过说一声而已，借不借，是明的事；还不还，是李美娜的事，他们自己会处理，和自己也没多大关系——当下也没多想，也就跟明开了口，双方怎么借的、拿的，也没当她的面，如果不出这事，林言压根早忘了。想不到，明真把钱借给李美娜了，而李美娜跑了。妈会知道这一切吗？我还可以辩解吗？不！妈一定会知道，妈是克格勃，从小到大，我撒个谎，妈都会从我眼睛里看出来。这次，我死上个几回，妈也不会嫌够的。就这么飘飘忽忽，林言混到了下午，回家。爸妈都没在。兄姐多少听说了一些，也不知道该怎么办，只好说：赶紧吃饭，这顿挨定了，你最好别回嘴。姐姐冲过来，本想逗林言一下，说："你惨——"，但看着林言脸色铁青，嘴唇只怕就要被牙齿咬出血来，口里那个"了"字便咽了回去，变成："好好承认错误吧，看妈妈下手会不会轻一点儿？"不见林言吭声，也就作罢。胡乱吃过晚饭，天黑了，也不见爸妈回来；林言只管在堂屋里坐着，觉得时光的难熬，这就像一个等待上刑场的人，只听见磨刀声，却不得个痛快。那过去的一个个小时，就像一把钝了刃的锯子，在她心里拉扯，难受到哭不出来。什么叫一夜白头？林言想，个中滋味怕也不过如此了。也许，就这样坐到明天，不等妈妈动手，她就已经老死了，像白发魔女那么老——可她不能找谁报仇，她会就那么老下去，然后死去——终因一切咎由自取。这些思想纠缠着她，不让她有一刻空闲，一种刚过去，另一种便接踵而起，拉扯着她，让她万分疲惫又万分亢奋。好不容易，熬到了平时该洗漱上床的时间，妈妈阴沉着脸回来了。见到妈妈进门，林言慌忙地站起来，妈妈却连看都没看她一眼，径直进屋坐下。也不说话，只管在椅上静默着。林言垂了头，也只管就这样站着。虽然准

备好了狠挨一场，然而这时的心脏却飞速奔跑起来，恐惧让她不得一刻喘息……良久，妈妈呼出了一口气，坐直身子，干涩地吐出了两个字：“跪下——”一旁的姐姐慌忙跑去掩住了门。林言身子一软，跪倒在地上，忍了一天的眼泪夺眶而出。这是过去绝无仅有过的，林家的孩子经常挨打，但从来没有一个是以这样的姿势接受惩罚的，他们可以跑，可以跳，可以把妈妈的棍子藏起来，可以夺门而出，让追赶不上的爸妈气喘吁吁跟在后面高声责骂；可以躲上屋后的山坡，捱上一天，然后，最终被妈妈揪着耳朵下山回家，掀开锅里焐着的还在冒着热气的晚饭，狼吞虎咽下去，然后在妈妈的数落声中洗脸、烫脚、爬上床去。许多年后，林言仍然记得那个秋天的夜晚，晴朗的夜里，月亮发着白光，屋里的地面冰凉。她从没有这样后悔过一件事，从没有这样无助，事情超出了自己的控制，命运交系他人，却对事情的结果于事无补，无法改变，无法担当。妈妈的怒气开始随着身子的站起而散发开来，她左右寻找着，终于拿到日常教训的柳条，颤抖着声音骂开来——：“你！跟着好人学好人，跟着司娘你要跳假神！你义气！你还替人出头哩！借钱？家里穷到要你去借么？你家很有钱么？借钱！跟人借钱！你能干！书不好好念，你倒学会借钱了！学会乱精神了！”——妈妈气到了极点，只管喘着粗气，边骂边打，也不管逻辑，一股脑儿骂下来，只打得手发软，上气不接下气，打了一阵，在旁的姐姐斗着胆跑过来抱住妈妈的腰使劲往后拽："妈！妈！她知道错了！"妈妈扔了柳条，喘息着站定："你、你、你个不成器的，你给我说！说！说清楚！"林言跪在地上，抽泣着，狂怒的妈妈对自己最宠爱的女儿，今天下的是最重的手，林言任妈妈打骂，却没有一句哭喊，没有一下闪躲，相比于心里的煎熬，身体上的痛楚倒好得多，在疼痛中，柳条打掉了那些思想的执著和纠缠，打掉了害怕责罚的恐惧和无助；林言甚至想，就这样疾风暴雨的打下去吧，就这样疼痛下去吧，总比面对现实要好得多……感觉妈妈停了手，林言这才抬起头来，眼泪在脸上胡乱的流：妈，我错了！我知道错了！妈妈倏然坐了下来。她已乱了一天。工点的大人们，一早早已忙着赶到县城帮着寻人；下午，明的妈妈找到正在剁猪草的林言妈妈说了30元钱的事，林言妈妈瞪大眼睛，好不容易相信眼前的事实：林言与李美娜合谋，借光了明15年来的零花钱。林言妈妈说：她苏老师，你放心，我这就去找李美娜家，让他家把钱还出来。明的妈妈：明明说，是借给林言呢。林言妈妈：那钱交给谁了？明的妈妈：给李美娜，但是是借给林言的呢。林言妈妈：你放心，如果确实我们家林言拿了钱，我们立马给您拿出来；如果是李美娜拿的，那就应该她家把钱拿回来。总要问个清楚不是？我会给您个交待。林言妈妈把刀一扔，猪也懒得喂了，急忙跑去李美娜家。李美娜家哪里寻得到人！只有李美娜七十多岁的外婆坐在墙角，擦眼抹泪。林言妈妈一咬牙，转身回了家，翻看了枕头底，又转身一路去找林言爸，说了事情的原委。林言爸虽然吃惊不小，但也同意了林言妈的说法：李美娜家毕竟找人要紧，找不找得回来太难说；林言毕竟犯错，咱家虽然不宽裕，但也不要让人家戳了手指头。这番言谈完毕，林言妈先一路小跑回家，忙着为孩子们先做好了饭；然后又再次翻了枕头底，怀揣着计划买猪仔的钱，去了明家。眼看着林言妈火急火燎进了门，刚从学校回来忙着做饭的苏老师有些不好意思，湿着两只手从厨房出来，忙着先招呼林言妈坐下，看着一边默不作声的明，就开始数落。我们家明明老实，不懂得那许多，他的压岁钱，一直是放我那里的，前两天才跟我拿了，问他做什么用，他也没说。今天早上知道李美娜几个离家出走了，我们这才想到钱的事，问了半天，他都不说。这孩子从小到大，都没扯过谎呢。明一直垂着头，镜片后的眼睛有些红肿；看起来像是哭过的样子。林言妈妈便问："她苏老师，你打他啦？""哪里！从小到大，没摸过他一指头！就是今天，也不过是多问了他两句。"看着这个瘦高无言的男生，林言妈妈心里直摇头：唉，这简直就不是一个圈（juan）的——我家那个妮子，敢抢我的柳条呢！这样想着，便说道："别打他，够听话的了。我家林言，倒是没少挨打呢，可还不是不知道怎么的，跟李美娜混到一起了。我早警告过她的，只当耳旁风了。唉！"林言妈这声叹，叹的心里有些悲凉；早教育，晚教育，还是教育成这个样子！现在的孩子，怎么就那么难教呢？！

林言妈从小好强。家里兄弟姊妹七个，她是老大，也是家里唯一的女孩。家里人口多，老父是街上的木匠，活多，人累，没个帮手，全靠酒来解乏，时间长了，做活的工钱有大半都散在了酒里。每每，给人家交了活计，收了工钱，第一件事，是打了酒喝；喝完回家，半道上酒劲儿上来，索性就歪在路上了。林言妈受了林言外婆的指派，早在巷口候着并一路寻来，看见躺倒在地的老爹，真是一番切齿，搜出他兜里所剩不多的几个大子儿，这才回家，告予老娘，找了人来，七手八脚拖拽回去。家里孩子多，收入少，林言妈早早帮了娘的忙，带兄弟、做家事。学校报名，林言妈也想去；可正在做活的老父一句："大妹呀，你上了学，以后怎么帮你妈带幺哥们呢？"就让上学的事没了下文。眼巴巴看着邻家女儿欢天喜地出了门，林言妈眼泪汪汪往肚里吞。到了招工的年纪，和姐妹们一道去了老家的硫磺厂。林言妈年轻时确实是个美女：身材窈窕，皮肤白嫩，双眼皮、大眼睛、高鼻梁，两条乌黑的大辫子，随着走路摇曳生姿。就是现在，四十多岁、三个孩子的娘了，照隔壁大妈的话来说——"往后看还是个大姑娘哩！"人也能干，针脚是出名的细；谁家托个缝纫活，总能做出个漂亮来，每每让托活的人一迭连声的赞。做事也是顶有名的认真，在厂里干活，麻利勤快；一帮小姐妹，她干活的量，总是最多的。这么个能干的大姑娘，别说在住街上是有名的，现在又上了班，家里来说亲的更是排了队了。在那

么一些人里，林言妈看上林言爸还真是个意外。林言爸家的家境，比林言妈家也好不到哪儿去。林言爷爷祖上算得上是大户人家，家谱在案的第一位祖宗，便是当朝的“国子监祭酒”，可惜家道中落，传到林言爷爷这辈，早已风光不再。林言爷爷自小摔了头，家里便没叫上学，成家后跟爹娘、叔叔、姑姑一共13口人一起过活。家里有一座四立三间九柱架空的茅草房（所谓四立三间九柱，就是四排三个开间，九根柱子）；每年总计收得地租一石二斗谷子（这一石二斗，远不能糊了13个人的口；然而，正是因了这租地的事实，林言爷爷家后来便被“划清了界线”）；除此之外，家里还有8棵花椒树、15棵梨树，1棵花红树，1棵桃树。1950年，城里解放，工作组第一次划成分，划归“小土地出租”；后来，1953年，又划了一次，因了那一石二斗谷子的地租——这一次被划成了“地主”，收了地、分了树、抄了家——家里唯一完整的几床薄被被抱到广场分了革命果实。全家断了衣食来源，林言爷奶两口子起早贪黑，一边扫大街改造，一边跟亲戚借豆子学着磨豆腐、扯麻糖，养活兄弟3个；靠这些行当自然不够贴补吃饭的嘴，家里经常断顿，还得上山撸叶子（野菜）。林言爸是老二，抄家那年刚好8岁；1954

年，家里咬牙交了五角钱叫上了学，读到六年级毕业，一天的课，常常只上得半天，剩下的半天，要和大哥到4公里外的煤窑背煤炭回家，推豆腐、熬麻糖。兄弟几人饿得像麻蒿杆——17岁那年，林言爸参加水电（央企）建设工程局招工，1米78的个儿，只有50公斤。苦是苦了些，好在那些年招工还没太讲“成分”：1959年，大哥16岁，去了养路段；1963年，林言爸上了水电工地，小的两个还在上学。林言爸比林言妈大4岁，虽然只读过高小，毛笔字却写得十分工整漂亮，人也端正清秀，浓眉大眼。林言爸孝顺、老实，在家勤快顺从，见了外人也总是客客气气，看起来脾气很温和的样子。不过，因为自己成分高，对说对象的事，林言爸是想都不敢想！到22岁了也还是个单身。林言爸有个从小到大的朋友，一块招的工，两人也在一处上班，这个朋友有个妹妹，正好跟林言妈同在硫磺厂。一次探家的时候，林言爸跟着朋友去探望小妹，这就认识了林言妈。听了吴家小妹的介绍，再见了人，林言妈对林言爸的印象挺好的，觉得他虽然说话不多，成分也高，但为人忠厚老实，而且，会孝顺自己爹妈的人，难道还会不孝顺老人？那些嘴上天花乱坠的，才是最信不得的。就这样，在硫磺厂做了3年，厂子效益不好，职工都解了散，林言妈闲下来，吴小妹说上工地去找她哥，林言妈也跟了去。再回来，便跟家里说，已经和林言爸结了婚，让家里那些说亲的都没了念想。家里房子挤，两人租了间小屋单独过活。林言爸去了工地，林言妈留在老家，虽然相见不多，感情倒也不错。生第一个孩子的时候，林言妈第一次尝到了苦的滋味儿。年三十晚上，林言大哥的降生让林言妈没少受罪，难的是月子里没人照顾。寒冬腊月，水凉得像刀子，屋檐的冰凌结的有棍子那么长；林言妈自己带着儿子，还得生炉子，洗尿布。月子的第3天，林言妈就摸了凉水（自那时起，林言妈便作下了病，天一凉，十个手指就如同扎了针）。怎么办？没个帮手的人哪！林言爸在工地，老娘住得远，婆婆虽说近些，却连看都少来看。直到现在，林言妈想起当时的情景来，总忍不住地心里酸楚。从小到大，跟着娘做家事，带弟弟，按说吃过的苦也不少，可这一回，这个苦就那么噎在喉咙里，咽不下去；多年以后，还会反刍出来，漾得心里生生的疼。1973年，孩子满了2岁，林言妈便跟林言爸上了工地，可是因为不识字，几次招工都没能招上，林言妈安心在家带了孩子。因为自己的遭遇，林言妈咬着牙发誓，再苦再累，也要让三个孩子上学，不能让他们随了自己，做了睁眼瞎！林言妈泼辣能干，在家属堆里也是出了名的。力气大：凡有临时可以挣上的工分，林言妈干的量，总是最多的；能吃苦：跟着林言爸上了工地后，林言妈修过公路，下过煤炭，烧过锅炉，筛过洗砂。这还不连那些给招待所洗洗涮涮的活。记得养路那会儿，林言爸去了下关支援，一走就是几个月，连娃带家全扔给了林言妈。无奈，林言妈好说歹说，将5岁多的大儿提前上了一年级，将3岁的小二、1岁的小三抱上板车，拉上工具就与一帮家属上路开了工，到了工地，林言妈找了平地，把家里带来的一把大黑布伞一支，就把孩子们交给它了。午饭时间歇下来，来到伞下——小二带着小三玩泥巴、揪草根，没乱走乱爬，都在伞下呢。林言妈把带来的饭盒打开，一人一把勺子，娘儿仨个就开了饭。林言妈的胆子也大。给工地烧锅炉供热水，每月收入顶得半个工人，只是每天得天不亮就起身，工地上媳妇、家属嫌天黑出门害怕，林言妈却乐呵呵应了下来。头天晚上捂好火，第二天天不亮就背着小三、牵着小二出了门。风大雨大的时候却也不多，只是有时候月亮收得晚，明晃晃地照得路旁树影枝杈如同披发人影一般，林言妈心里发虚，便将肩上的铲子卸下来，握在手里，使劲往地下敲了几回，清着嗓子，仍旧大踏步往锅炉房走，一路虚张声势径直进了锅炉房，锁好门，林言妈这才松了一口气。苦点儿累点儿都不怕，怕的是娃生病。一个人，三个娃，烧起来身旁连个商量的人都没有。有一回，三儿半夜烧起来，一个劲儿哭，嘴里叽里咕噜，林言妈抱在怀里哄不下来，只看见二儿的小手在屋里指东指西，直说有人，唬得林言妈心里跳个不住。半夜，医务室早下了班；林言妈没有办法，只得安顿了两个孩子，抱着三儿出门来找平日里会拣草药的陈爷爷。心悬悬地绕了几排房子，到得陈爷爷家，硬着手敲开了门，老两口连忙着给孩子在肚脐上烧了艾，又推了手臂，直折腾到了天蒙蒙亮，眼看着三儿平静下来睡着了，林言妈才擦着眼泪定了神。

年轻时的林言妈，就像个连轴转的陀螺，没有闲下来的一刻。虽然不识字，心思却是极聪明：家里买了缝纫机，托人从上海出差时带回裁剪图样，林言妈依葫芦画瓢，愣是一丝不差地车出了一家子的衣裳。孩子们和自己的布鞋，都是她一针一线衲出来的，靠着林言爸搭手，家里养猪养鸡种菜，一样不缺，林言妈又爱干净，孩子们身上穿得是清浆白水。林言妈想，就是要让孩子们过得比自己好，不能让别人轻看了。三个孩子，老大性子倔，读书使不上劲；老二性子文弱，学习成绩也就是个一般；只有老三，性子最烈，最像自己，读书也好强。这妮子！！！

林言妈心下叹着，和苏老师聊了一阵，正准备把来意说清楚，这时，明的爸爸回来了，一进门就报信："找着了找着了！在一家旅社，几个女娃娃正准备等明天的班车呢，连夜带回来了！""找着了？！回来了！！现在在哪呢？"林言妈连忙站起身，"应该都在老李家呢！"林言妈急急忙忙朝门外走，临到门口，又忙折回身来："她苏老师，你放心，我一定会给你一个交代！"林言妈马不停蹄，赶到李美娜家，李美娜家一屋子人，林言妈好不容易挤了进去，眼见得工点上的领导正在给几个孩子的家长交代：娃娃们都找回来了，详细也就不说了，只要娃娃好好的，就是了，回去骂

两句是可以的，可千万别又打，打多了不好，又都是姑娘家。详细不说了，不说了，先领着回去吧，回去好好说。几个孩子的家长应着声，各自拽了自家孩子，也就散了。林言妈看这情形是插不上嘴了，眼看着孩子们都找回来，自己也好像没了力气，憋足了要跟家长们理论的话，也退了回去。走吧！也是累了一天了呢。明天再说。再说，这会儿，这些娃娃是打不得的，可家里那个却是非收拾不可的！想好明天要做的事，林言妈也就返了家。打起精神，狠狠收拾了不听话差点儿就闯了大祸的三妮子一顿。次日，林言妈找到了一帮女孩子的家长，讨回了30元钱，那是后话。据说，因为不想归还李美娜花了的钱，李美娜妈妈被林言妈妈骂得狗血淋头：没有道理呀，你花了就该还呀！人家其他家长都没说什么，她倒不想给了，自己不主动去还，倒让我来要！我家林言怎么？一个子儿都没接着倒惹一身骚，她倒想不给了？！这还算人么？！言辞之激烈而滔滔不绝，林言妈在李美娜家门口跳脚骂大街的情形，成了工点家属们吵架的经典。多年以后，林言妈说起这段往事，还记忆犹新：我恨她呀，我家林言，长那么大我没下过那么重的手啊。林言也不懂事，要帮人，也帮个讲道理的呀。你说是不是？

3

李美娜转了学，林言入了团，上了初三。要中考了，林言从没想过上大学的事。父母和自己的目标是中专——历来，学校成绩最好的学生上的都是中专，上高中要到县高中或者市里的子弟高中（林言哥哥就是这样，考不上中专再去）。上中专，可以包分配，一毕业就可以工作，是最妥当的事。林言姐姐学习中等，也考上了本系统的技校，毕业以后的工作也是没问题了。姐姐比林言高

一届，回来说了住校的经历，展示了在学校生活的一些照片，开心得眉飞色舞的样子，让林言真是羡慕得紧！早工作的好处自然是不言而喻的，离家的自由也在发出蛊惑：自己花钱，自己安排生活是多么让人兴奋！以林言的成绩，上中专是没有一点问题的。好不容易，熬到了临近中考，大家忙着一起郊游，邀约着照相，互赠了纪念册，有模有样重复着老生们做过的一切，考试反而倒在其次了。老师们带领学生们到县城住了一夜，第二天就参加考试。林言们，头一回住了旅社；头一回，做了四面的卷子。林言出了意外。地理四面的卷子，居然落下了一面；第一天考试时就来了月经，中途在监考老师的陪同下上了两次厕所——终于，计划里的中专，林言没能考上。面对着县上七中和外招技校的通知书，林言万念俱灰。妈

妈曾经带着她去找过学校，希望有途径加上几分可以读上中专，可是学校的答复也是没有办法。这一次，妈妈显得异常冷静，没有打她，也没有埋怨过孩子一句话，她和孩子爸一起和林言谈了一次。高中还是技校，让孩子自己选，无论哪一种，父母都同意。“读技校。”——父母的话语刚完，林言便简短而快速地做了决定——生平第一次自己对自己做的决定——她不再相信自己还能继续考试，读高中有什么用？！再说，老师不是也说，如果真还想读书，工作以后也可以读的，这样可以自己供自己，不拖累家里（虽然不知道自己将来还会不会这样做？）。

“——三儿，你不再考虑考虑？”

“不。”

“——读高中也是可以的，爸爸妈妈供你！”

“不。”

“——你再想想？”

“不。”

林言摇了摇头，站起身走到里间，结束了和父母平生第一次的郑重交谈。她不愿面对爸妈的眼神，那种心疼和惊讶她受不了！她盼望着学校报到的时间早点到来，离开家，离开这里，她实在受不了笼罩在自己周围的一片叹息！

其实，即使不是为了读书，林言也将离开这里——工点要撤了。项目已完，工点的所有人都将离开，工人们等待赶赴下一个工

点，家属们则要搬家到县里或者市里的居住基地去。收尾的工点是忙乱的，这一年的夏天也分外的热，冲凉的水要用大盆蓄好等着凉下来，家外的墙上、树上、草上莫名其妙地爬上了一种从未见过的巨大的蜗牛。几乎每一天，都听得到谁家又搬家离开的消息。因为要走，林言家今年没有再养猪，狗和猫还在。兔子早杀了，兔毛给姐姐做了鞋垫。与林言家一墙之隔的学校早空了，邻居们陆续搬走，林言家的东西也在变少——爸妈托了顺车，将一些家当已经陆续搬到市里居住基地的住房去。哥哥已经在市里的子弟高中上学，姐姐也在省里的系统技校。因为这一片房子的冷清下来，林言爸妈便收拾了东西搬到了工点中心职工俱乐部后面的一间十几平米的房子，小卖部仍然在前面，后半段用木板隔开，做了卧室。林言的通知书早来了，体检也完了，等着去学校报到。同学们基本上都走了，也见不上什么面；狗也是陌生的，这是爸妈重新养的，为了看守小卖部。长得高大，不是林言从小就养的狗，它对林言爸妈更亲近些，忠于职守，也对林言乖顺，却不甚亲近，不会跳起来够林言手里的食，也不会在她外出回来时在她手上脸上舔个没完。林言想念那些自己的狗——那些属于她自己的狗，忠于她们家但却最忠于她的狗。狗的性命很短，不出意外的话，也只能在这世上活上短短的十来年。它们出生的时候很小，却在短短几个月后就成为壮年，为主人看家护院，陪伴年幼的孩子们，把它们的青春、忠诚全部奉献给了主人而无怨无悔，所得不过一钵饭食而已！可惜，这美好的时光易逝，它们是不会再回来的了！林言童年的记忆总是有狗的，在那些断续而快乐的影像里，它们是那样生动的一部分！在这些影像里，它们会哭会笑，像一个前世就注定和自己相陪的伙伴。因为有它们，林言过得快乐而自由。记得那只叫“黄骊”的，从集市上买回来的时候，还只有一丁点儿大，黄色夹着白色的皮毛，四蹄踏雪，水汪汪的眼睛亮亮的，两个耳朵也是立起来的——这可是有狼犬血统的特征哩！离开妈妈的它奶声奶气地叫唤了一晚上，第二天便和孩子们玩上了。孩子们摸它，亲它，把自己碗里的好吃的都扒拉在它的小盆子里，在字典上给它取名字，到了晚上睡觉，都争着要把它放到自己的被窝里（在妈妈的大声呵斥下，孩子们的愿望终于没有实现）。“黄骊”是聪明的，孩子们的爱安抚了他，从此，“黄骊”不再那样凄凄地叫唤，成为了家里的一员。尽管妈妈再三制止，它仍然分别睡过孩子们的被窝，直到它长大成年，妈妈不再让它睡到家里为止。那时候，它是多么的漂亮呀，毛光水滑，身板壮实，叫声威武、沉稳，这分明是个英俊的小伙子呢！每天晚上，它忠心耿耿地宿在屋外，行使职责；白天，便脚跟脚地撵着孩子们去学校，又被孩子们假作威严地撵出校门。此外，便是自由的奔跑、串门，逗一逗那些闲散的鸡、与家里的猪们交谈、在场院的水泥地上无拘无束地打滚……孩子们下学回来后，它是那样的兴奋和高兴呀，猛蹿起来，几乎要把孩子们扑倒，湿润的舌头舔着孩子们的脸蛋和手。有时候，孩子们逗它，把手伸到了它的嘴里，它便低低地吓唬着，轻含着孩子们的手，摇晃着头做出要咬的样子，又放开。狗和人乐此不疲，做着这样的游戏。“黄骊”甚至分清了左和右：孩子们拿着吃食，向它下着命令——“左手！”、“右手！”，“黄骊”便应声伸出左脚、右脚，逗得旁边的孩子一通羡慕！——那时的狗，哪里知道宠物店的拴狗链那光亮后面的恐惧！非但是狗，家里的动物除了兔子们（它们是唯一被关起来饲养的动物，除了吃便是睡），其他都是自由的。猪们是按点来吃食的，除了吃饭睡觉（圈门只在晚上才关上），都在房后的山包上溜达；到了傍晚，才由挂着铃铛的“黄骊”一路从山上寻了撵下来；鸡们自不用说，趾高气扬地在门口、大路上四处踱步，高兴时总要声嘶力竭喊上两嗓子；至于那只后来才到林言家落户的漂亮的波斯猫，更是高傲，才到家便用那双漂亮的爪子连给了因为好奇死盯着她不放的“黄骊”几个大耳光，并且尖声厉气地施以警告。奇怪的是，后来，两人不知怎的竟成了朋友？午睡时居然不再排斥，头并头睡到了一起！冬天，那头猪是它们自然的依靠：狗挨着猪睡着，猫挨着

狗睡着！当别的狗或猫招惹它们中的一个的时候，另外一个总要在旁边帮腔叫嚷，龇牙咧嘴，露出平时不轻易亮出的尖爪。谁说不同类的动物就不会彼此交流呢？它们肯定有自己的语言，并且还能相处得那么好！林言一直觉得，在热爱自由和重情重义上，动物和人是平等的，这是大自然赋予生灵的灵性。一个人血管里面流淌的不止是个体生命的血液，也流淌着生息之地的灵气。她就是这样：在她的骨肉里，流淌的是从小就陪伴着她的山，是山上满眼的绿树草丛，是山里湿湿下的雨，是山林里清新的空气，是树下草丛间探出头的那朵菌子，是山野里自由奔跑的松软的泥土地，是一抬头就可以看见的干净明朗的蓝天——在那里，云朵也走得自在闲淡，是门前整日奔流的瀑布，是那哗哗流淌不知疲倦唱着歌的小河，是那一抹萦绕留恋迟迟不肯离去的白雾……林言相信，在每个生灵的降生之初，大自然就已经为它刻下了印记，作为一个通行的证据，指向着另外一个家园，熙攘的现实外的另一个世界——当人们迷茫、疲倦甚至因此扑倒的时候，只要循着它，人们就会回到这里，重新看见那个乐园里无邪奔跑的小孩……

从小到大，林言跟随父母，总共搬过4次家，路程，是从一个工点移动到另一个工点，从一处山包深入到另一处。搬家时，卡车里装着不多的家当，人们挤坐在驾驶室或者斜倚在车厢里，跟着卡车一路摇晃，在山路上行进。偶尔的情况下，可能是独一辆车；但大部分的时候，这样行进的总是3辆车左右的一个小型车队，晃晃荡

荡，像极了那部印度电影——《大篷车》！在这些工点中，林言印象最深的是两处，一处是沙坪，一处是现在居住的青屿。在沙坪，林言度过了无忧无虑的小学时光。那里是林言放风筝、赶集、挖野蒜、摘菌子、和狗儿在山上疯跑、在排水沟里游泳的地方。人们面山而居，开窗就能看到对面山上挂着的瀑布。那瀑布并不大，却因此显得格外的秀气，远望过去，宛如一匹轻纱，水声哗哗，沿山而下流成一弯小河；再下去，便是工点刻意修了边壁的排水沟了。水不深，却很清澈，岸边生长着盛开着蓝色花朵的扁株兰，透明的水面下袅娜着长得低低的水草。夏天，它就是孩子们的乐园。整个夏天，孩子们只穿了裤衩，像条戏水的鱼，自由地游来游去（水并不深，刚没过肩膀，孩子们其实可以站在水里，说是“游”，多半不过是“走”罢了）。孩子们三两成群，笑着闹着，那水拂在身上，像缎子一样滑而凉爽。工点离县城远，却可以到附近的集镇赶集。这里的集市很有意思，是根据十二生肖的顺序来每周进行的。赶集的时候，也是孩子们可以使钱或者感受使钱快活的时候。集市并不远，已属于毗邻省份的管辖——唔赶（名字很怪异吧？不过，整个工点的名字也是类似的，叫郎格）。从工点出发，走小路，大概半个多小时就到了集镇。2、3岁的林言，行走这段路程总是高高在上的——站在爸爸的背篓里，或者是骑在爸爸的肩上。颠簸着，翻过山，经过一片片庄稼地。每次，赶集的人们都在那棵大梨树下歇脚。梨树长得可大，树干要四五个大人才能合围过来，四处伸开的枝叶像把巨伞一样为过路人营造了一片清凉；树下干净而平坦，树桩为椅，山石为凳，过路的人们在这里惬意地坐下，认识不认识的人们都相互打着招呼，悠闲地喝水、抽烟，歇够了才动身赶路。有村妇背了“甜水”来卖：用杯子盛着，黄的、绿的，方方的玻璃片盖住杯口；也有卖凉粉的——翻过来的背篼上，才从盆里倒出的豌豆粉是这张桌子的主角：淡黄滑嫩，冒着才出锅的香气；周围是精心调配盛在玻璃瓶里的佐料：酸菜、辣椒、炒好的花生瓣……——用抓子抓上一碗，林林总总的佐料一洒，分外诱人！到了集市，就更加热闹了，到处是摆得满满的摊子，花花绿绿。镇上总是飘荡着李双江的歌声，摊档上飘荡着充了气的单色气球，来往的人们寻找着要买的商品，熙熙攘攘。从集市回来，收获是颇丰的，两个小猪仔或是两只小鸡仔，半背篓的果子，还有给孩子买的小狗和小人书。当然还有大梨树下的一小碗凉粉——进了肚子。至于“甜水”，妈妈是坚持不让喝的，说是里头加了糖精，喝多了眼睛要瞎的！——孩子们只有作罢。在沙坪，乐事可不止游水、赶集。春天是放风筝的好季节！林言爸买了绵纸，和孩子们一起削好竹片，扎好，糊上，将妈妈缝被子的棉线捻好，用一根筷子缠好线疙瘩，再在纸上舞画上几笔，把线和架子连好，风筝便做成了。通常，风筝都拖着长长的尾巴；有时候，这尾巴上还会拴上一块手帕——视起飞的情况而定。放风筝的场所是屋后的庄稼地，一冬的作物都已经收完，这时候正是土地休养生息的时候：在春天的暖风里，翻过一

遍的土地松松软软的，袒着怀，伸开了四肢，慵懒地晒着太阳。空气里飘着草香，天是蓝蓝的，阳光温和得像妈妈抚摸小宝贝屁股蛋的手。在这样的土地上奔跑，鞋子怎能不是多余的！哥哥托着风筝，爸爸先跑起来，直到把风筝送上天，便把线疙瘩交到哥哥的手里。这个过程中，剩下的孩子们在爸爸开跑的时候便开始撒开了腿，簇拥在两侧，跟着爸爸使劲儿。放风筝的人是可以交换的，孩子们可以轮流担任。孩子们擎着风筝在松松软软又暖暖和和的泥土上跑着，眯着眼看着风筝在蓝天上漂浮——这时，仿佛它也是有生命的，它眨巴着眼，咧着大大的嘴巴笑着，在风里抖动着胳膊，快乐地跳着舞。孩子们便咯咯地笑了。春天的土地是慷慨的，上一个季节，它已无私地向人们奉献了自己的出产；而此时，它不仅给孩子们提供了玩耍的地盘，甚至还给孩子们奉上了新鲜的美食——像一个藏了糖果的大人，不把糖果撒出，而是藏在兜里，让孩子们恣意地寻找。春天的地里，除了给家里挖的小野蒜（孩子们带着小铁铲，在地里能发现很多，带回家，让妈妈加上盐巴和辣椒装到罐头瓶里，放上几天，就成了下面条的美味）、采摘的鲜嫩的猪草；还长着孩子们爱吃的一种叫作“泡”的野果——黄泡、黑泡，甚至有红色的“泡”（不过要说口感，最好吃的还是黄泡），味道酸酸甜甜，生在刺上，由一粒粒透明的圆形水晶似的果实攒成一个个圆帽子似的形状，结“泡”（对于它名字的怪异，林言曾做过考证，可惜大人们也说不出个所以然来，直到看了鲁迅老先生的《三味书屋》中对“覆盆子”的描写，大抵就应该是一样的东西吧）的树（应该是一种藤本植物吧？）就这样戴了一身的“宝石”站得满山遍野。这时节，大人和孩子们举家出动，当作晚饭后的散步都上了山，带去的大搪瓷缸总能装得满满。甚至，还会有意外的惊喜：有一次，竟有一只野兔蹦跳着从林言爸面前经过！惹得一家子大呼小叫，要不是顾忌到山上落洞多，差点儿拔脚去集体追赶！

在沙坪，跟着大人去买米也是极快活的。大人小孩一早出发，陆续爬上卡车，扶着车厢栏板站着，紧紧拽住大人的衣服，也有胆大的叔叔，双脚叉开，双手插在兜里，跟站船头似的站在车头，跟着车子摇晃，只在转弯的时候才拽一下栏杆（后经林言多次尝试，也终于照样做了1、2回）。就这样绕着山路走了近1个小时，径直到了3公里外二工区的粮店。大人们忙着去秤米，孩子们则一窝蜂聚在店里卖冰棒的角落，一边嚷嚷着自已要的品种，一边已经先拿到手的，啧啧地急急地舔着。有白糖的3分、绿豆的5分、糯米的5分。这时，林言总是挑了糯米的吃，将还冒着白汽的冰棒拿在手里，三下两下舔小了冰棒尖尖，便一口一口开吃起了煮得软糯的白糯米。待到大人们秤好了米，孩子们蹦跳着，被自己大人抱起，一个个又扔到了车上早已码好的装得满满的米袋子上去。米袋子尽着中间码，四周留了一圈，大人们挨个站着，将孩子们围在了中间。孩子们在米袋上滚来滚去，嘴里含着“狗舔”糖，叽喳着打打闹闹，开心得像过节一样。

最欢喜是还有电影看。下学了，扛上家里的条凳，一路飞奔到灯光球场，场子上早已板凳声声——大人不得空，都是各家娃娃“把”位子的。放映时间是晚上七点半，电影开演前，孩子们满场飞着要么抓胡豆虫（喂鸡），要么跳皮筋、踩高跷、翻跟头、玩抓人游戏；妈妈坐在电线杆子下卖炒葵花子儿；爸爸就坐在自家条凳上和同事拉话（有时也给妈妈帮忙收收钱）；开演了才聚齐到一块儿来。看电影是全家雷打不动的节目：天晴自不用说，若是天冷了，生一个旺旺的火炉子，一并提到场上，一家子围炉而坐；下雨也不怕，撑开家里那把巨大的黑布伞，一家人簇拥在伞下，谁也没淋着。只是家家都撑了伞，小孩子们难免够不着看银幕，撅着嘴哼哼几回，便歪倒在大人怀里梦了周公。说到爱看电影，林言妈便要笑：你们谁都没林言着急！生她那天，全家正准备去看电影；这时候，她在里头着急了，非得赶这个趟不可！都在家等她出来，想着，这电影怕是看不成了——也顺利，大家是先看了妹妹，又接着去看电影——倒害人家来接生的刘医生没把宽银幕看成！

4

11岁那年，因为爸爸工作调动，林言家搬到了现在的工点，这是第4个、也是林言家居住最长的。在这里，林言增读了小学6年级直到15岁初中毕业。工点距县城有100多公里，从县城出发，绕过曲曲弯弯的环山公路，越过一座座山包，大概 3个多小时，就到了工点所在的山脚下。山并不太高，却因地理的距离与其他山包区分开来，亭亭地立在那里。这里的雾是常见而美的，清晨随处蒸腾在山周的白雾，似一弯湖泊，将山顶温柔地环抱，使山像一座漂浮在群山间的孤岛，所以它的名字也叫得很有特点——青屿。工点就在山顶上。周围的山里，散布着其他几个规模不等的工点。买米是到离县城最近的工点，爸妈给自家小卖部进货则要到县城去，有时候也托办公大楼里出差的师傅带回来。这里是整个项目的机关所在地。沿着进入工点的水泥路，背靠着山势，以灯光球场、职工俱乐部为中心，南面的一排排平房是学校和职工的住宿区，北面的顶端是有围墙和大门的外事处，依山而建的红色小别墅像点缀在林子里的草莓。参与项目建设的外国专家们就住在那里，有挪威的，也有日本的。挪威专家会带孩子到这里度假：白发碧眼的小男孩有时候自顾自在篮球场骑脚踏车；有时候也去球场边和本地的孩子扎堆，闹起来也会朝身边的男孩晃拳头。日本专家却有些神秘——据说，工地上流传着一个说法：在日本专家的钻探工地，是严格禁止女人进入洞里的。有一次，中方的领导视察项目，为首的恰恰是一位女领导，日方拒绝不了，勉强同意对方进入现场，却在对方离开后放了好半天的炮仗——传说无据，也许，专家们相同的地方，就是都欢迎住地的“Party”吧。外事处的傍晚，常会亮起五颜六色的彩灯，听得见好听的音乐声，大人们说，那是在开“Party”，开晚会，也就是外国专家的聚会（中学，林言学到了这个英语：Party，Party，派对、聚会）。外国专家们有Party，工点上的职工们也有自己的晚会，那是真正的晚会。晚会的地点是职工电影院，这幢双层楼房，平时放电影，在节日的时候就是剧院。一拨又一拨的省级、甚至是国家级的文艺团体来到这里为大坝的建设者们做慰问演出。记得有一次，林言跟着爸爸看到一个二胡演奏的节目，演奏者是国内著名的一位演奏家，坐在距舞台极远的二楼楼厅，林言费劲地想把演奏者的面容看清，几曲下来，仍然看清不得；蓦然回头，却见一向温和少言、喜爱拉二胡的爸爸摇头赞叹，奋力鼓掌，梦呓般地重复着那句话：“拉得太好了……” 爸爸告诉她，刚歇罢的那一曲叫《赛马》，这首曲子描绘的就是万马奔腾、争先恐后比赛的场面……林言趴在楼厅的围栏上，向后扭着身子，使劲儿盯住了爸爸的眼睛，似乎想要从这里一直看进爸爸此时的思想；可是爸爸却已不再看她，在舞台明明暗暗的灯光里，清瘦的爸爸，好像已经成了另一个人，双眼那么明亮，却又迷醉和向往……此时，林言已经无法把眼前这个陌生的爸爸和那个在单位食堂弯着身子使劲砸着冻肉，面包房里和同事一起期待又小心地将第一炉实验成功的烤面包递到一帮孩子手里，看着孩子们狼吞虎咽便高兴起来的爸爸联系在一起。这是我的爸爸么？！林言的眼睛睁得更大……

林言爸1963年离家，招工进来，首先上了云南省会泽县毛家村大坝的建设工地。作为省里的重点建设工程，大坝已经历了整整9年的人工作业，正着手修建从尖山沟到毛家村之间13公里的铁路，用于工料的运输。这条铁路的贯通，将大大减少人工的艰辛劳作，而改由机械化与人力配合，这对于推动工程的建设速度和减轻工人繁重的工作量都将起到巨大的作用。林言爸招工进来，便与同事们一起投入到了这段铁路的建设当中。工地热火朝天、红旗漫卷，人们喊着号子上工，靠肩背马驮输送着枕木、石头；又靠双手砸碎铺路的碎石；靠联结的肩膀和双腿将枕木抬上路基……终于，1年以后，铁路贯通，工地所需的砂石、红土的上料、下料、运输都由机械完成，林言爸们的工作转为了电车的信号员和翻料工。每天劳作在紧张的工地上，活计虽忙碌，但和修铁路时的纯下力气相比已经轻松了不少，而且不用担心没饭吃；在工地，每顿都能吃上混合了40%杂粮的粮食，还能吃上肉和蔬菜、白面粉和苞谷面混合蒸的发糕；同时，有自己和哥哥每月给家中寄回的钱和粮票的贴补、国家按人口数目给城市居民定供的粮食，爸妈和弟弟们也可以不用再上山挖浑身是刺的老蕨根了，日子正一天天好起来——一直持续到1965年。1965年12月16日——这个日子，林言爸一直清楚地记到了今天。位于乌蒙山腹地山区的会泽干沟工地大雪纷飞，这个海拔2000多米的山区，冬天本就比周边的地方来得早，12月的天气已是冰天雪地，寒气逼人，早已停工停产了数月的工地一片寂静。天还未亮，猛然响起的炮声炸得山野摇摇晃晃：一场风暴席卷了原本繁忙的工地。一段时间以来，由陆续的抓人、不断的批斗会、零星的擦枪走火积累而成的争战，使分裂形成的两派——“炮派”和“八派”，终于明刀明枪地干起来了。炮声一响，林言爸和几个同乡的心里都咯噔了一下，原本商量好要离开工地回老家的计划不能再耽搁了——可不敢晚上再走，若被当了奸细，无论落到哪派手里，只怕连命都保不住。6个人趁着天不亮，躲躲藏藏，急急出发，一路紧赶慢赶，只盼着早一点儿远离已枪声大作的驻地。大家白天赶路，晚上休息，渴了喝井水，饿了吃干粮，困了睡草窝……有时，经过老乡的住地，便用1块钱，跟好心的老乡换了热饭咸菜，晚上就宿在老乡的牲口棚里，躺在干草堆上，蜷在老乡的蓑衣下。就这样连走了11天，直走得双脚的水泡肿得光明透亮……第12天，疲惫交加的众人走上大路，终于截住了开往老家县城的班车……“不敢留啊，走了

的，保住了命；没走的……好些死的时候，也就只才是20出头的小伙子……”林言爸的言语里是劫后余生的庆幸，也是对同辈同乡早夭的惋惜。当年，工地上讲起了成分，划分了派别，总部自造了小钢炮，分发了枪支，高级职称的工程师也在大会上众目睽睽之下被斗死……林言爸的成分高，没人劝他“站队”，认识的一个同乡却没有这么幸运：因为家庭出身好，他踊跃报名参加了敢死队，出出进进都背着枪，来来去去都是汽车上汽车下——却在数天后的一次武斗中被枪打中了左胸，当场就断了气——老家同来的一共死了4个……这一走，便在老家等了整整10个月，才接到了工地重新开工的通知。

回到工地后，林言爸跟着工点的卡车开拔，前前后后走过了5、6个工点，挑过沙灰、做过钳工、焊工……因为写得一手好毛笔字，最后在食堂定了岗，附带记账。许是地富子女的身份，林言爸的性格温和少言，林言妈没有工作，家里负担重，林言爸不喝酒不抽烟，唯一的嗜好就是与几个同乡偶尔聚在一起，炒上几个小菜，拗不过大家被劝下一杯白酒，便将二胡从墙上摘下，擦拭干净，和着李叔叔的手风琴拉起来，有时候，大家一起唱；有时候，个人独奏，林言爸双目如灼，赛马、病中吟、二泉映月、梁祝……一曲一曲拉下来，在那棵挂着电灯的树下，孩子们安静地坐在大人们的脚边，瀑布声响，蟋蟀悄鸣，星空下，天地间，好像只有它们在应和着这琴声了。林言爸这寡言的人，也有健谈的时候，那便是讲述一

次回忆，也是自己人生中最自豪的一次经历：受组织的委派，去过一趟首都——1982年3月，出于工作需要，工地挑选了包括林言爸在内的50个工人去北京学习潜孔钻技术。对于这段经历，老头自豪到今天。北京，咱中国的首都啊，一个地富子女，能够被选送到北京学习最先进的技术，还能有比这更自豪的事儿吗？这说明组织信任咱，对咱有期望啊——这么好的学习机会，林言妈却不同意：又得一个人拖着3个孩子好些天；最主要还是这次去的开销，得自己先垫上——那可是首都，花销能少得了？工地是说回来报，哪能都报了？出门在外，自己总还得七七八八的要开销些……林言妈说不转林言爸，索性藏了林言爸的棉衣和家里的存折；还不见林言爸松口，趁林言爸上班的当口，又跑到单位，要和领导“反映一下家庭实际困难……”听得消息，林言爸撂下手头的活计就跑，三步并作两步赶到了领导办公室，硬拽着林言妈回了家，两口子结婚以来头一回大吵了一场。林言爸再三恳求不得，气得脸色发青，嘴唇直打哆嗦，颤抖着手指点着林言妈骂出一句：“好一个没见识的婆娘！倮倮！”转身就走，当晚蜷着身子在仓库猫了一宿，第二天穿着单衣就和同事上了出发的火车。过了昆明，一路向北，天气越走越冷；到达通州，已下了雪。多亏跟同事借到的40元钱，林言爸这才添置了棉衣、贴身穿的卫生衣卫生裤……3月的北京，仍然冰天雪地，春寒料峭。林言爸学到了技术，也登上了天安门，去到了长城……在这片土地上短短8天发生的一切，已然成为了林言爸心里最美好和最珍贵的记忆。老头70岁那年，林言刻意陪着参加旅行团，去了一趟台湾，回来，老头说，台北那故宫哪有北京的厉害啊，北京故宫那才都是些了不得的宝贝！

多年以后，退了休的林言爸，每日在厨房忙碌，准时接送小孙子，二胡从老屋的墙上到了箱底。这个白发满头、古稀之年的老人可还会回味那些岁月？可还会记起那年听得形神俱忘的那一曲《赛马》？可还会再次翻开那下决心买回却没能读完的成人高考课本？——一如多年前孩子们都已睡下的那一个个亮着灯的夜？为了让孩子们知道自己父辈的工作，学校的老师们在课外活动时把孩子们带到了大坝上。谁能把山与山都相接起来呢？谁能让自由奔腾的水停下来呢？孩子们？！在老师们自豪的话语里，在孩子们的啧啧惊叹中，宏伟的大坝像个巨人把群山挽在了一起，奔腾的河水就此改变了习性，平滑如镜的水面上闪耀着父辈们的青春。林言爸和同事们靠肩膀和双腿，在挑出了一个“亚洲第一土坝”后投身这里的建设，这条大坝是人力和机械化作业有力配合的结果，也代表着国内最顶尖的国际合作，代表着当时工艺技术最先进的水平。他们怎能不为此激奋？！

5

在青屿，林言家住的房子紧挨着工点的子弟学校，两地仅隔

着一堵围墙，中间横着一条坡路。在顺溜排过去的一排平房中间，林言家居中。三间房子打通，爸妈一间，哥哥一间，中间那间用布帘隔断，姐妹俩的床铺靠窗，布帘那头就算堂屋了。门口，自家用砖砌了两间房，一边是厨房，一边做了猪圈。房下是一块不大的菜地。爸妈种上了番茄、牛皮菜、辣椒，还有芭蕉芋（这是种给家里养的猪的，在水管上冲洗干净，切碎煮熟）。路埂下，是住户们集中在一起的菜地，花花绿绿种上了菜，用石块隔开，林言家的靠右，比门口那块更大一些，爸妈种上了苞谷，长得一片绿绿油油，像一片丛林。菜地旁，依着路势大家搭建了一个简易厕所，几株桃树为扉，开得如火如荼。现在，孩子们大了，家里的事更多了，大人们相互串门的时候少了，但在菜地里劳作的时候大家说说笑笑，日子仍然是过得和睦亲近的。旁边，爸妈开了一个小卖部，小卖部紧挨着学校。房子的对面还是山，每日里洁白如烟的雾缭缭绕绕，瀑布却看不到了。要看瀑布，需要下山去到大概7公里外的清水河。清水河不是一条用来提供电能的河（多年后，这里成了著名的旅游胜地）——那时，她还只是作为一条山民生息的河存在于那里，和土地一起养育着周围的沙族（布依）寨子。这里天气要更热一些，除了水势柔和，瀑布众多，鱼味也很鲜美，周围竹林遍布，也出产一种柚子，只是苦涩，吃味并不太好，所以也少有人拿来卖的。那时，二十出头刚从师范毕业没两年的班主任带着孩子们下了山，徒步1个多小时就到了清水河；游泳虽是被严格禁止的，但下水打个水仗，摸个石蚌却是非常自然的事。毕业前，他甚至带着他们在河边过了一夜：选下个水浅处，可以直接涉水到对岸。白天，孩子们就在水里玩儿了个不亦乐乎。自己烧火做饭，摸来的石蚌做了汤。那时没有露营这一说，自然没有帐篷，更没有睡袋。孩子们三五成群地坐在岸边，围着火堆，班主任带了吉他（他的确会弹简单的和弦），孩子们就这样唱啊唱，唱累了，便静下来，听着清水河的水响，夜空干净得就像洗过一样，有那么那么多的星星，而每一颗星星又都那么那么闪亮，像缀在夜幕上的一颗颗宝石。夜呀，原来是这样静呵，这样美呵。孩子们赞叹着，任由全身都被蚊子亲了个遍，最后，在丛林里不知名的小虫们的梦呓里，闭上眼睛，互相依偎着睡着了……

终于，在临近学校报到时间的前两天，姐姐带着林言搭上了离开工点的卡车，然后转道县城，坐客车去市里的居住基地。那里，是她们的新家。

颠簸前行的客车上，第一次坐长途车的林言睡着了。她首先梦到的是“黄骊”——就是那条她最爱的狗，热爱自由、无羁无绊的它生命结束在路过的车轮下，当天，好不容易找到它的林言曾经以为，自己一辈子的眼泪都为它流干了；她梦到了那个在工地放炮时被轰上了天，臀部受伤，被大人们用门板抬着跑到医务室的当地女孩，她趴在门板上惊魂未定，却做着手势向孩子们形容当时的情形：“一发式就冲上了天……”；大人们焦急地寻找着掉进落

洞的、再也没能回家的杨家的小弟——3岁的他跟着姐姐们上山摘“泡”，却失足掉进了落洞，3天后，大人们才在草丛茂密的洞口寻到了他的小鞋，当腰上系着绳子的大爹将头上磕出了一个大包、早没声息的他托出洞口时，他的妈妈当即哭晕了过去；还有溺亡的孩子们：赵家的兄弟俩，连同一块儿来过节的小表弟。大年初一，兄弟三个将在灶台上忙碌的妈妈反锁在屋里，撒了欢儿出门，结果却掉在了工点的水塘里。他们三个，连同杨家小弟，齐排排埋在了路梗下；安睡在黄色软垫上的寿材里的同学的老祖母，每次去她家玩耍的时候，她总要翘着大拇指夸夸林言，为她送行的路上，孩子们给她搭过桥（给长者送葬的习俗，孩子们弯下身子，排成行蹲下，棺材从孩子们头上抬过）；围坐在俱乐部电视前蹦跳而起为截流成功而欢呼激动、泪光闪闪的大人们；还有傍晚放电影前热闹的灯光球场，橘黄的灯光下，胡豆虫飞舞，孩子们拿着小瓶儿追逐；还是灯光球场，儿童节，家长们排排坐着，看着孩子们在老师的引领下，穿着裙子排着队跳着舞：“采蘑菇的小姑娘……”

别了，成长之地；别了！故乡！

第二章 远行

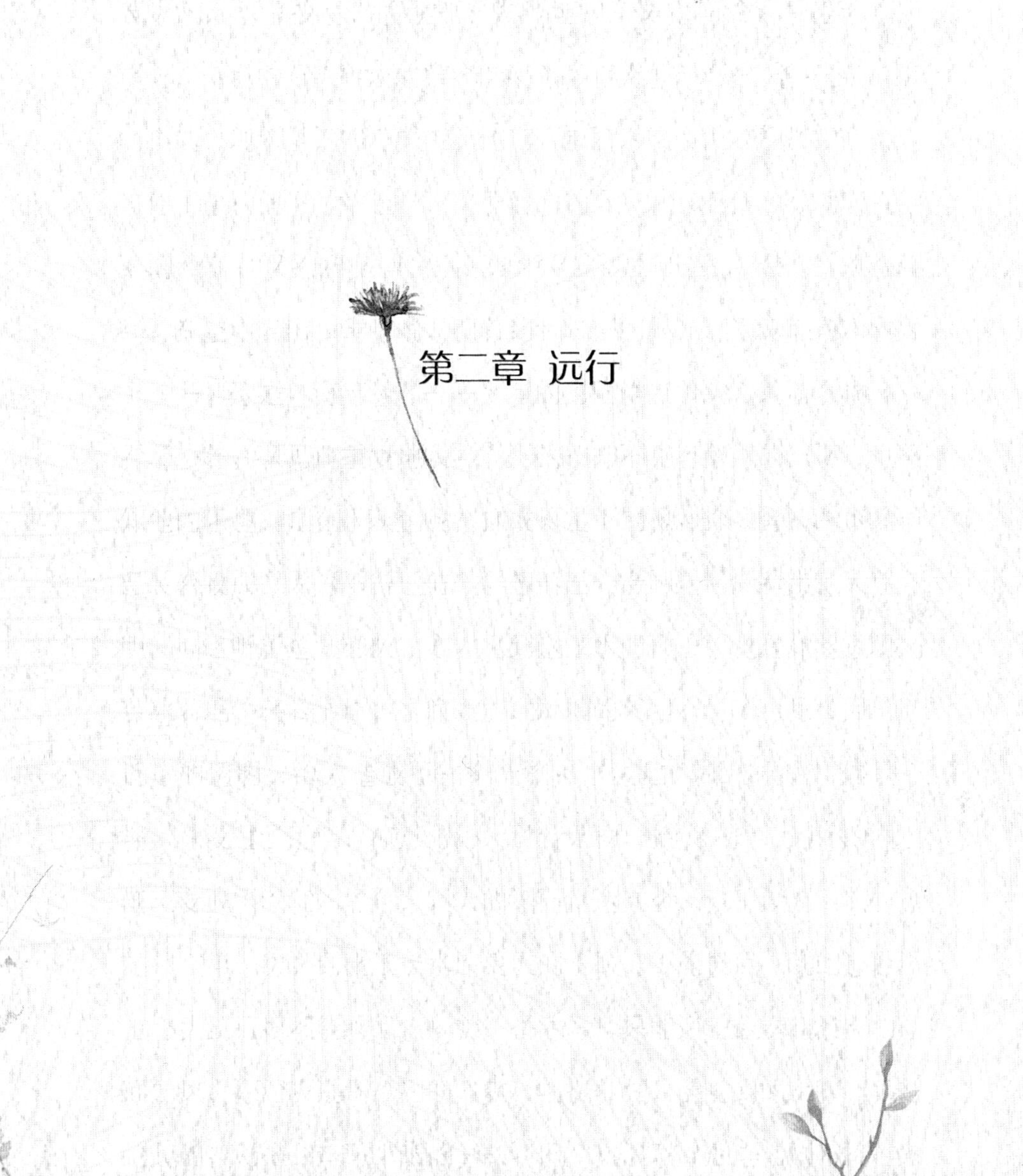

1

回忆自己的少年时代，有时候也是一件犯难的事。许多人希望时光倒流，为的是不再犯年轻时所犯的错误；那些绕不开的青涩苦痛，在多年后留下的仍是不敢揭开的伤。在人和人的相处上，没有谁会比少男少女更加感到烦恼——“爱情如同一支蜡烛，而友谊是一颗星星，蜡烛可以耗尽，而星星却永远闪亮”，对于少男少女们来说，尤其是尚还不知道爱情的少男少女们来说，友谊是他们世界的一切。他们为友谊而忧，也为友谊而喜，甚至为友谊痴狂，为了友谊而患得患失。在远离家、远离父母、远离儿时玩伴的时候，有一个相知的朋友是多么的幸福！这是本省一个气候炎热的城市，离林言家所在的城市有250多公里，坐长途客车到达需要整整一天。长长的夏天阳光灿烂，高大的林木绿树成荫，紫藤花如火如荼，空气里弥漫着冰淇淋的香气，女生们整个学期都穿着裙子。物价也还可以接受，每个月50元钱的生活费，除了吃饭用度，甚至可以为自己添置上一件新衣；在汇款来的当天，邀上舍友们吃上一顿美味的烧

豆腐。那些渴望友谊，那些少年强说愁的日子，回想起来，林言总觉得自己当时怎能那样迷迷瞪瞪。不止是林言，这些岁月——过后是不是人们都只想否定？好像自己是一下子就长到了现在似的？现在……现在算得上聪明了吧？起码，不再是瞪着那对清亮得有些泛蓝的眼睛（这是班上一个男生形容的，林言的眼睛太亮太干净，水得都有些泛蓝），什么也不懂的样子了，也再也不会吃那用奶粉换芋头粉的“亏”了吧——林言爸在将孩子送到学校安顿好离开前，顾忌孩子一个人吃饭，只怕会偏食；加上长得快，难免会缺钙，于是刻意将林言带到校门口商店，花了十多元钱给林言买了一袋奶粉，叮嘱女儿记得每天吃，吃完也接着用生活费买了续上。结果，林言有一次到一个师姐的宿舍做客，尝了一回师姐从家中带来的芋头粉，当时不知何物，只觉异常好吃，啧啧称赞，一副吃不够的模样。师姐笑言，这东西没有卖的，你要是喜欢吃，我这还有，用你的奶粉来换！林言当真回到宿舍，拿了才开封的奶粉袋子上楼去。师姐也不食言，笑盈盈接过，将一包芋头粉递予了林言。只是一包吃完，便不再觉得美味异常，也便没有继续去换。真的，那会儿，除了自己，别人都是无比聪明。在林言不知洗面奶为何物的那时，同级的女生已经会用香水；除此之外，她们还会打毛衣，钩围巾，在学校周末的舞会前给自己化妆。曾短暂同舍的一个省会来的女生，直发披肩，长裙飘逸，操着一口流利的普通话，在学校的广播站播音，用现在的话来说，“仙”了去了。那些，是高中毕业的女

生，跟林言们同处一班或一级，在她们面前，15岁的林言们像一帮孩子。几乎每个周末，在7层实验楼的楼顶，都有学校团委组织的舞会（除此之外，他们还担任乐队）。老生教新生，三下两下，林言就学会了。学校还组建了一个文艺队，三年级的那个校花是队长。可惜，林言没被挑上，也许是太高了。反正，这些个文艺活动，林言总是站在后面的，近170CM的个儿，还是太高了。没关系。学校每个月还有一部分免费的饭菜票可以领，已经很好了。虽说没能去文艺队跳舞，但就读3年，林言一年一个进步，演讲比赛从三等奖跃到了一等奖，毕业那年，和学校的老师坐在一起当了评委。学会了跳舞，也很想学着谈场恋爱（纵然自己不想，旁边总有人爱得要生要死，眼泪滂沱，难免不受其影响），学校里的广播不是也一直在唱着：莫名，我就喜欢你……可惜一直勉为其难。那些男孩子们，安下心来读书的没有几个，要让林言折服的就更数不出来了。学校里有个足球场。学校的足球据说一直都开展得很好，经常在市里夺冠；有个踢球的高年级的男生，吉他也弹得不错，曾到林言们的宿舍去，多次弹给林言听，可惜大约是林言不解风情，那男生连着去了几回，半数时间竟然都寻林言不见，也不便再来了。于是便跟老生去玩儿，陪着要好的女生受邀去跳舞、看电影。自从上了学，林言的头发就剪得短短了，不为什么，反正剪了要留长就难了，也就随它去。跟那些大自己几岁的老生们出去玩儿的时候，要好的女生总是坐在男生前面的自行车把上，唯有林言，一纵身就飞跃在了自行车后座上。那大男生，长了林言好几岁，个子超高，喊林言做：小言言——等到林言飞身纵上车子，便稳稳骑了出去。他从来没有来单独接过林言，来时总是一帮一伙的。每次，都是送到学校门口就走，就这样单纯的关系，还是有人说他是林言的男朋友。林言听说，哑然失笑。呵呵……那个跟大哥哥一班的一个大姐姐，爱他爱得要命，而且也是超级泼辣的——连她都不相信，谁会信？转眼，大哥哥大姐姐们就毕业了。这超级短短的“被恋爱经历”也就划上了句号。在这里，没有听说谁是特别认真和刻苦的，成绩只要过得去就行，不要不及格就可以。反正就读的这所省内重点中等职业学校，学生还没毕业，用工企业就已经预定了。进了学校，不用担心有没有工作的问题，只是揣测到哪里工作的问题。学的化学。专业全称：“化工工艺”。为什么会选这个专业呢？说来惭愧，除了爸妈看中的“重点……”，林言对“工艺”两个字的了解，仅限于：“应该是精细地做出精致的物品”——有学上很不错了，想那么多做甚？到了学校，才知道，所谓“工艺”，是一种“流程”啊。这就是说，毕业以后，她们是要加入到这“流程”中去的了。才进校，林言考的是第二名。第二年，由大家投票，林言又成了班长。3年的宿舍生活，最让林言留恋的是第2年。前1年住的舍友，注定对不上眼，虽然不至于吵闹，却非常淡漠。来自省内各处的女孩子们年龄各异、性格各异，专业各异，能相处的三五成群，不能相处的孤孤单单　这样的宿舍，住着是不亲切的。第2年，林言搬到了现在的宿舍。虽说是上铺，又面对着卫生间（有一次，掀开枕头，林言看到了一只“小强”！），可林言感到从没有过的温暖与亲近。同屋7个女生，同样来自省内各处，然而年龄相仿，也都在一个班，虽说也有自己处得最好的1个伴儿，但大家一起起居，说说笑笑，互敬互让，日子过得颇为融洽。这个宿舍，没有谁正在恋爱或者计划恋爱——每个周末，大家凑了钱，就到公园去活动一天，有时候，偶尔有2、3个舍友的男老乡相陪，也是自自然然相处，没有什么神秘的。前1年，林言喜欢在外面玩，直到睡觉时间才回去；可现在，林言哪里都不想去，跟她们在宿舍里聊着玩儿着，多好呀。在这个宿舍，林言是后来，是第“7”，也就是说，没有那一个特别知己的伴儿了；但是已经够了，在这个宿舍感到的快乐，是林言前一年的两倍。“狮子头”一头天生自来卷，又密又多，耳朵上成天戴着随身听，小巧的鼻头微微向上翘着，连说话都像伊能静；红梅瘦瘦的，老远就能看见脸上那两个黑亮黑亮的大眼睛。她们俩处得最好。大姐戴着一副深度近视眼镜，每次摘下眼镜的时候，总要眯一眯眼睛，文章写得特别好，她和桃子要好；桃子个子不高，五官也

长得秀秀气气，脸上有颗痣，和谁说话都是笑眯眯的。还有凤，两个眼睛黑亮黑亮的，长得丰满，齐耳的短发，喜欢照相，笑起来两个酒窝，和她要好的是更加瘦瘦的静。她个子最高，1米72，然而，却长着一双让人羡慕的36码的秀气的脚，也是齐耳的短发，笑起来“呵呵”的，眼睛和嘴都弯成了曲线。她们各有各的“伴儿”，叫林言“老言”，却没有叫林言感到过孤单。有一回，“狮子头”家里捎了一瓶卤腐来，宿舍的女孩子们居然只用了一天的时间，就把它吃光了！因为林言要在学校的运动会举旗，红梅把她新做的没下过水的白连衣裙都主动给林言穿了。过生日时，林言总能收到大家包得花花绿绿的小礼物。林言想，为什么老师不在一开始就把她分到这一间来呢？那1年，她懂得了香水，懂得了织毛衣，懂得了恋爱或者被恋爱会伤人……可她过得多么漂泊啊。报到那天，爸爸将女儿送到学校，办好了入学手续，为女儿置齐了一切生活用具，留够了生活费，替女儿挂好了那顶打了一个补丁，印着“x局x处第x公司招待所”的蚊帐，反复嘱咐了第一次离家的女儿，第二天就回去了。到了下学期，一直挂记着女儿的林言妈买了车票，不顾自己从来晕车晕得厉害，来看望林言。大老远赶到这里，她本想多陪女儿两天；可是林言总在催促——母亲不识字，车票是林言买的，天还没亮，林言陪着母亲默默地走到了客运站，在小摊昏黄的灯光下，陪母亲吃了一碗早点，看着在他乡异地相处了一天一夜的母亲提着篮子上了车。她是提前走的，许是宿舍里不热不凉的气氛，许是妈妈玩笑女儿说她打莴笋叶子给她吃，还说好吃得很——这话伤了林言，林言（她属兔）爱吃莴笋，她常打食堂的这个菜——绝没有要糟践妈妈的意思。她莫名的烦躁，莫名的不喜欢妈妈待在这样一个宿舍里，完全不理解妈妈思念女儿的心。因为——因为这样的宿舍，她不愿妈妈呆长——她没有好朋友，而且，她后来也一直没记得究竟是谁：大概是宿舍里的某一两位，在大家第一晚上互做自我介绍的时候，指着林言帐子上的那排字问林言什么意思（那字的旁边，就是妈妈补的很细致但却比一个盘子还要大的一块圆形的补丁）？在林言认认真真回答后，吃吃地笑了。林言对那笑声记得真真切切，也许就是从这时候开始，她就没有想和这屋子的任何人结下友情。她白天学习，或者跟其他宿舍要好的女生去玩耍，晚上尽量晚回——这样的生活，林言是不想让妈妈看出来的。尽管如此，过了些日子，林言仍然在其中一位舍友的表姐来访突发疾病时做了自己觉得很自然的事——她到宿舍里来，恰巧表妹没在；林言答复了她，于是表姐便想改时间再来；当时林言自己也要出去，俩人便一块儿出了门。眼看早过了学校的大门，离着城里还有一半的路程——走着走着，表姐却突然感到腹痛，先是全身冒汗，迈不得步子；后来索性痛得蹲了下去、站不起身——慌得林言三步并做两步跳上大路，截了一辆三轮车，拉上表姐直奔市医院。到得门口，表姐仍不见好转；在三轮车夫的帮助下，林言硬是把与自己差不多高、20多岁的表姐背进了诊室——当天的晚自习，林言接到了室里那一小帮女孩子的纸条——林言背进医院的正是为首的那一个的表姐。虽同处一个宿舍，但她们却基本上是不通音讯的——纸条上说：表姐平安……以后要好好相处。第三个学期，老师告知调整宿舍时，林言还是主动要求搬了出去。虽然，此前，爸爸苦心给她找的是舒服的下铺。到了新的宿舍，林言爬上床去，弓着身子将蚊帐稳稳地挂了起来，帐子里用透明胶布贴上了小虎队的大幅照片，当然不是用来遮掩什么的——妈妈的补丁还是显眼地就在那里，它与这幅照片并排，很漂亮，就像她一如既往做得很漂亮的针线活——针脚又细又密；而且，蚊帐洗得又白又干净。

2

兴许正是曾感受到人与人相处的不易，也才懂得珍惜这种舍友间的友谊吧。在新宿舍里，林言最喜欢的是“狮子头”。她的性格最随和，也待她最好。她教林言用卫生巾（她妈妈是医生），在林言吃饭吧唧嘴时用手抱住她的脸。她总是叫上林言跟她和红梅一块儿出去，或者打饭，或者在生日的时候去照相。有时她单独约林言去逛街，俩人手拉着手出门，她便带她来到那家清真小饭馆，每人花5角钱，买上一碗盖了菜的饭，比学校食堂的好吃去了。林言和红梅在她的邀请下，在一次暑假跟她一起回了家，她的爸爸妈妈都很和善，家里干净而齐整，“狮子头”经常搂住妈妈的脖子——这个家庭有一种让人放松的魔力——这使得女孩子们在那里度过的两天快乐而毫不拘束。后来，毕了业，“狮子头”到林言所在城市的亲戚家，按照当时留下的联络地址，寻到了林言家里找过林言，可惜当时林言不在，也没有见成，时间长了，散落了联系方式，也就成了遗憾了。在此之前，林言也曾有过两个要好的女生，都不住在同一个宿舍：一个比林言大3岁，没在一个班，又白又香，柔声细气，然而却好像从来没有认真地听过林言说话；一个同在一个班，个子不高，凡事都问林言的意见，洗个澡就打了一头的结，回去的一路上林言都在帮她解。她们在林言的生活里，就像是两片叶子，它们轻飘飘地落到了林言的水面，然而只是一瞬，又都在风的作用下飞到别处去了——最后一年，大家都已只是淡淡点头，彼此不再关心。

短暂相聚，终是离别。想留下和不想留下的往事都终将如烟。十七岁，林言毕业了。三月份，至厂里实习；八月一日，算正式分配进厂。在一个依旧晴朗的清晨，天边还没有亮起一丝白；舍友们打点好了行李，在第一位将要离开宿舍的舍友起床的时间都起了床。从哪里来，便回到哪里去；学校是定向分配，大家都要乘上不同的车次，返回自己的户口所在地去工作了。因为都要走，要在不同的时间段赶去客运站，大家约定了，不再去客运站送别。林言扛着自己的行李和班上的另外几个同向的同学汇合后走出了校门，大家一路无话，到了客运站，上了车，有几个同学在前来陪伴相送的同学告别下车后小声地哭了。林言站起身来，车厢里开着灯，黄黄的，照着一群行色惨淡的人；站上的灯光也是黄黄的，但是天边却是想拉开幕的样子了——它将又是一个晴天的早晨——一如这城市过去有过将来也还会再有的每一个晴天的早晨——只是，从今天起，林言们就要从它——从组成“早晨”这个画面的种种元素中抽离了。将来再见吧？也许吧？……舍友们都没在，周围离人愁绪，林言也想掉几滴眼泪；却终归没有掉下来——这不是说，她不想她们；但入校那天起，就知大家终有一别，那么就不要用眼泪惆怅来回报这一份美好了吧……

林言知道，从此，她会被一种叫作“思念”的东西所俘获；受着它的拨弄——她会想起宿舍里每一个人的脸；她们都格外生动，相处时的笑容和离别时眼眶里的眼泪都那么清晰；但，只是仅仅会想起她们吗？不，她一定也会在那同时，想起在异地他乡相处了三年的同学们；而他们，也会想起她吗？在第一次竞选班长的班会上，他们几乎全部都给她投过票。他们还记得那场新年晚会吗？——刚进校的那年，大家互相都还不太认识，班主任筹划着要开一个新年晚会，让同学们借着这个机会熟悉熟悉。当天，受了班主任“布置会场”的指派，林言（那时她还不是班长）别出心裁，想出了一个主意；和几个同学一起抱回了一堆花花绿绿的吹塑纸和皱纹纸……当同学们吃罢晚饭，三三两两结伴，推开教室门的时候，都瞪大了眼睛——课桌都已经尽量挪开，椅子绕着墙的四周放

得齐齐整整：宽敞的场地中间，是一棵半人多高的“圣诞树”（这是林言和同伴们用绿色的吹塑纸按着树形剪做出来的，再想办法将几层压拢，这样将它竖在课桌上的时候，就很挺拔啦），教室的日光灯已经谢幕下场，绕在树身的明明灭灭的小彩灯（这是额外采购的部分）是今晚的主角；整个教室都被拉满了彩带（那时可没有现成的彩拉条卖，这是林言们花了整整一个下午，用彩色的皱纹纸裁成再连接好的）；黑板上，围绕着新年晚会的字样，白天的图样已经被重画一新；桌上的那台双卡录音机，正播放着《友谊地久天长》……咱们班的教室“盖了”！——原来，在当晚的全校新年晚会教室中，林言们的教室被同学们暗自比成了“第一”；当天的晚会，甚至吸引了别的班级的同学……记得，就是这场晚会以后，班里召开了竞选第一届班长的班会；林言在同学们热烈的掌声中站到了台前，满脸写着始料不及的惊讶；身后的黑板上，她的名字后，许多个“正”字写得密密麻麻——那是同学们投出的票数——同学们对她抱有多大的期望啊！……可是，想起这一切，她只有大大的惭愧啊！她这个“短命”的班长，任期只有短短的一年——因为自己的任性，在一次短假中返家，思家心切，恋恋不归，在收假后一天才返校销假——第二天的校广播站便播出了学生会的决定：学生会干部某某、某某某、林言，因违反学校的请假规定……，经学生会研究决定：予以……并开除出学生会……既然被学生会开除了，那么，再担任班干部也不太妥当——林言这个“班长”便就此下课。惭愧啊！真是好事不出门，坏事传千里！这一次的广播通报，让林言出了大名。也许，只有另外的一些出名的场合，才会多少挽回些同学们的失望吧？——学校的演讲比赛，林言从第三拿到了第一。她记得，每一次，在全校集中举行的颁奖仪式上，在念出她的名字后的掌声总是那么热烈：一开始，它们是连续不断的、急雨一般的；当她走出队列、走上领奖台、又从领奖台上返回时，它们是有节奏的、像一个个饱满的、等待落下的雨点，排成了整齐的行列，一齐落下；有时候，他们还会就着这节奏，喊出：林言、林言、林言……

还有谁？对，一定还有那位假小子一般的女同学。她是体育特长生，练过田径，身材匀称，短短的头发，长得非常漂亮；她难得有不开心的时候，常常迸发出爽朗、毫无心机的笑声——她的心事似乎全班人都能知道；可又似乎从来没有过烦恼。她透明、愉快，总是充满活力。作为搭档，她让林言羡慕——她的课间操示范做得多好呀，每一个动作都那么优美、有力；作为同学，林言和全班同学一样，都喜欢这样一个给人带来朝气和阳光的人——她那件帅气的、黄色的、蝙蝠袖的夹克衫，不知和林言的牛仔衣换穿了多少回！

应该还有——那一位爱跳舞的女生：多亏了“她”，班里的舞蹈比赛（化妆也总是她代劳）总能拿奖；可是，“她”也是一个任性、冲动、不让人的人，一言不合，竟和宿舍里另一位柔弱女生上演全武行，惹得全班公愤，在一次演出活动中将她排除在外——林言那会儿还是班长，这决定便由她来做出并执行——林言就此风闻，她得当心：“她”要给她点儿“颜色”看看……这到毕业了，“她”这心愿也没有了成；尽管，在一次体育课的单杠示范中，杠上的林言曾听到了杠下人群中小声嘟哝出的一句：“学生会的渣滓……”——这声音一定来自于“她”；因为，林言在杠上看得真切：全班观看的同学，只有她在和身旁的女生咬着耳朵——下了杠，林言双手紧握拳头，一脸寒冰，憋着气，等体育课下了，便两眼盯地，像是发现那里冒出了一截截硬刺；她正下了决心，要把它一根根狠狠踩回到地里去——一路咬牙切齿、一步一顿，较着劲儿，独自先到了女生宿舍楼口，侯了良久——然而，“颜色”并没有来。

——好囧呀！

还记得那一次全班出游——这是全班唯一的一次全体出游，全班60个人，没有一个缺席或请假。目的地远在几小时车程外——

澄江抚仙湖。到达的时候，天色已晚，同学们匆匆在招待所睡了一觉，赶早起来看日出。然而天并没有放晴——天光仍暗，湖上氤氲着水汽，水浪拍岸，间歇地、哗哗地响。林言们绕着湖边走着。岸边，杂色的石头砌成的窄窄的码头，直直伸向湖里。在这条道路的顶端，现出早钓的垂钓者。他弯腰坐着，胶布雨衣的风帽严实地盖住了脸；他不时站起身，整理他的钓具：站直身体，转动着鱼竿上的绞盘；又抡圆胳膊，远远地将钩子抛了出去；钩子引领着鱼线，在空中发出一声唿哨，顺着钓者盼望的眼光，远远地在水中落下——“这是‘海竿’”——一旁的男同学点着头，煞有介事——看了一阵，只见他重复地收竿、下钓；却不见有鱼儿的出现。也不知他的乐趣，是在于获鱼呢？抑或只是下钓呢？抑或旁边的鱼篓早已装有收成？因为不得近前，浮想而已。沿湖边慢慢踱步，天色渐明，闻、听了这湖许久，方才见到这湖水的样子：竟是如此透明，若冰若璃，轻卷上岸，水底光洁、斑斓的鹅卵石清晰可见。因了这近岸的透明，给人造成了一个恍惚：水浅吧？都见了底？伸手一探，竟没过了手臂；凉意沁沁，滑若无物。抬头一望，远处的湖水渐至变成了深沉的黑色，阔大的湖面直达天边，似乎没有尽头。这是林言第一次见到比工点水库更大的水域，不能极目一眺的遗憾浮上心头：只恨不能乘船，畅游一番才好！只能迎着这奏起浪声的湖面的风，深深吸进那冷冽的清爽！在抚仙湖，能吃到的美味，不是钓起的，乃是“车”上来的——名曰“抗浪”。近岸与湖相接的条

条水沟、水窝子，便是渔人车鱼的所在。

还有那一次——这次，是少数的一群同学，在一个周末，在一位当地同学的带领下，从学校出发，沿着国道，徒步到附近的一处景致去。大家一路走着，绕过了几个竹林围绕的村子，便到达了那座石桥。石桥下，才是同学们的目的地——“江边”。正是枯水的季节：桥下的这端，河道正中的江面水面狭窄，曲曲弯弯地延伸到远处，像一个曾经丰满的妇人突然变得纤瘦，只剩细细的腰身仍在起伏；两边已然淤积了的泥面还显示着曾经丰腴的痕迹；泥面上，靠近岸边的地方，寥落地搁浅着两艘窄窄的驳铁船。桥下的另一端，水面的光景却稍稍好些，江水流淌着，奔跑着，在傍晚的太阳下，水面被镀上了一层金色，波光粼粼，像有无数双小手在晃动着无数面小小的镜子。回来时，林言们找到了林子里的铁路，这里慢慢跑动着的运货小火车，可以把同学们载回城去。大家跟着小火车的速度，跑了一阵，便都爬上了车厢。车厢里到处都是干草的碎屑，空气里充斥着牲口粪便温热的气息。车厢两边都敞着门，林言们趴在门口，与不断向后退去的、在渐暗的天色下逐渐变得深邃的树林告别……

是啊，她知道，她会思念——思念这萍聚似的相遇；思念这一去不回的似水华年……

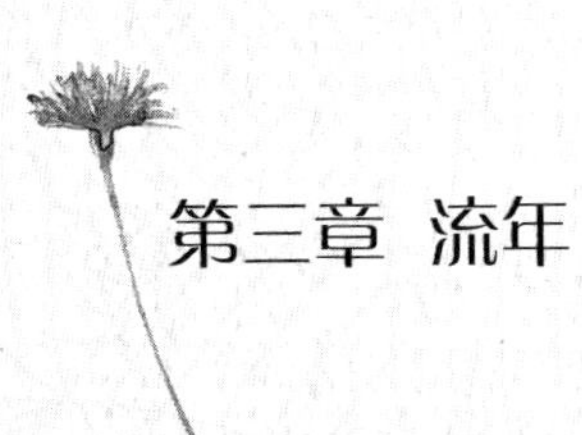

第三章　流年

1

天气热得让人猝不及防，好像仅仅是一夜之间，就完成了从冬至夏的转变。在承受了长时间的干燥后，雨季来了。

慢慢地，那些名字开始悄悄地从心底浮起来，来到唇边；现在，它们是清晰的了：“狮子头”“凤”“红梅”……那些记忆也就渐渐清晰，以一种洞悉静静地观看着你，它们好像在说：看，你想起来了。看，你知道了这些过程的意义。可人生的意义到底是什么？就是“贝利”——那部《一条狗的使命》（电影）当中的主人公，它也在片子的一开场就发出问询：“生命的意义是什么……”“人生没有意义。但你要赋予它一个意义。”——这是毕淑敏说的。这是一个对人生一直在观察在体悟的人的话——而梵高对他的弟弟说，没有什么是永恒的，艺术也是如此；永恒的，是艺术传递的对人生的理解和感受……其实，对我们一个人、一个普通人来讲，未必不存在一种“艺术”——生命因为活着而完整的体现出的一个状态——我们的“人生”——它鲜活地传递了我们“对人生的理解和感受”；而“对人生的理解和感受”，应该也就是我们（她，他？）对人生赋予的“意义”吧？——我们在完成这个“意义”的实践中——即“完成自我”的过程中，又何尝不是一种“创作”或者“创造”呢？

生命并不永存，但对生命意义的追问却前赴后继。如何创造（作）你的生命？这最耗时（它的打磨甚至需要整整一生）的也许也是你唯一的艺术品？你是否已经走过了慌慌张张的前半生？那么你是否已知道了为什么而活？知道了怎样从容应对你的后半生？——每个人都应该有自己生活的目的和意义——不管是你愿意“赋予”还是不愿意“赋予”——那么，告诉我：你为什么而活？——啊！问得多么突兀、多么突兀！这突兀的念头！！——思索吧，思索是人类进步的阶梯。

在林言端起一杯咖啡的时候，伴着咖啡袅袅的香气，这些念头和记忆都开始氤氲起来。那些已然淡忘的名字，那些绝然深埋的往事，混合着这些突兀的、纷乱的、而又执着的“一个个问题”……都在这雨天里咖啡的热里蒸腾起来了，它们围绕着她，像一个抽烟者不断吐出的团团烟雾。林言恍惚了。

这样的雨天，是林言所喜欢的。在即将离开厂里的那段日子，下了班，林言总喜欢从篮球场经职工俱乐部再绕过学校，迂回、慢慢地走回宿舍。这是一条幽静的路。下雨的时候，雨水从两侧高大的梧桐树上滴滴答答地滑落到树下低矮的一排冬青上，她总喜欢在这里把步幅再放慢，久久地伫立在那里，听着雨水滴落的声音，好像种种纷纷扰扰都在此时远离了，包括那些对过去的嗟叹和对未来的无助……此时，都静下来了。这里很香，是那种只有在雨里植物才会尽情张开叶子呼吸的气息：清新、干净，沁人心脾，它们好像

只是为林言才准备的。到厂里4年了，宿舍里的两位舍友都已经先后结婚，林言现在独自一人，想象着自己终有一天可以离开这里去从事自己喜欢的职业。人在年轻的时候，是不缺乏斗志的，为了实现自己的梦想，或者，有时甚至只是为了维护自己所谓的自尊和原则，即使头撞南墙，哪怕碰得头破血流也在所不惜——基于这一点，林言的所作所为以及后果，在当时的身边的一些人们看来，确实算是一种鲁莽的 “胜利”——如同唐·吉诃德终于把风车战败了一般。这种“胜利”，不如说是一个“莽撞的奇迹”吧，这不管不顾的莽撞、大胆而野心的莽撞、这自青春期就延宕至今的莽撞，仍然、依旧，隐隐作痛——它也许是她林言拥有得最多的——除此之外，除了善良和对生活的容忍（它们来自于父母），她似乎再也没有其他的财产……但这并不是说，因此她便不可以做梦，做一个觉得自己完全可以通过努力实现的梦——她是从那时候开始挣扎的，也是从那时候发现自己自卑的。是的，在通往实现她的梦想的履历表上写着“学历需在大专以上”的要求。她离这个要求已经不远了，她一直在坚持自学考试，每次3门，已经修过了9门，还有3门，她就可以从省里的一所重点大学的新闻专业毕业了。可是，这

时候，机会已经来了，她不能把它错过。其实，她应该感激的，市电视台的人，起码让她报了名。只是，在进入第二关，也就是普通话基本功考核，念了一首古诗和几个绕口令的那关——下了班，林言赶上了厂里发出的开往市里的第一趟班车，在车站厕所里化好了妆，急匆匆赶到考场——还是被淘汰了；连进入上镜实践的机会，也是林言觉得自己还可以争上一争的那一关，林言连它的门把手都没有触摸到。林言沮丧到了极点，这是她人生当中的第一次惨败，片甲不留。林言恍恍惚惚回了家，关上了房间的门，把头捂在被子里哭了。那年中考，她没有哭；可这一次，是非哭出来不可了！罢了，尽管心里千万个不认命，罢了罢了罢了吧！那一天，林言哭了一遭，爬起身来，不知何时，天已经黑了，家里一片静默，外屋刻意关小的电视声在林言妈轻轻推门的那刻透进来：三儿，吃点东西吧？林言摇摇头。呆坐了半晌。有电话进来——林言，找你的。林言接过了电话，打电话来的，是林言厂里一个大姐姐的朋友，受了她的托，带林言到市电视台报名的正是他。考试的结果，兴许他是知道了。出来吧——他在电话里说，几个朋友一块儿坐一坐——不来了。林言哭得头发披散，眼睛肿得不成人形，声音嘶哑，实在是见不了人。为了今天的考试，她请人顶了班，还得尽早赶回厂里去；本来偷跑出来考试够恶劣了，再要是误了班车翘了班，就更不好了。——出来吧，都到你楼下了。林言不好再推辞，爬起身来，勉强拾掇了一下。8月的天气居然冷得彻骨，林言遍寻一遍，居然

找不到一件自己的外套，打开衣柜门一看，姐姐过冬的枣红色短皮衣还在，拿过来套上了，将头发梳理了一番，勉强出了门。不知何时，外面下过了雨，湿漉漉的街上，如同洗过了似的无比艳丽的霓虹东横西竖，在迷惑着人的眼。车子刷刷地穿过一丛丛弯腰探头的行道树，车轮下，碾开的水花儿静静地绽放，一朵，紧接着又是一朵……车里，任贤齐唱着：你总是心太软、心太软，把所有问题都自己扛……林言无言地坐着，在车窗外不时透过来的灯光下，那幅神色更显惨淡。见得林言这般模样，一车穿短袖的互相对望了一眼，小姑娘真是伤了心了。明明是大夏天难得的凉快，愣是被她穿成了零下！

第二天，林言回了厂，继续放自己的广播，日子不咸不淡地过去。几天后，传呼机上再次响起了大姐姐那位朋友的电话：他所认识的一家市里的单位，要在市电视台做一档节目，10分钟，就在台里制作完成，每周固定播出；也物色了一些人，可是一直没有合适的；本想从市台这边新招的人中借——你也来试试吧，是骡子是马，你就遛一回吧。林言去了，她没有虚估自己的实力。厂里一直有自己的电视台，每周播出十分钟以上的新闻，两个广播员既播广播，也录电视，为了提高播音质量，厂里曾多次将她们送往省电视台培训；而且，说到播出的效果嘛，省台上课的老师说“还行”；厂子的观众们也还觉得“不错”……这次试镜有了结果。制片方留下了她，并且到林言厂里谈妥了借调前的兼职——每月，林言在厂里两星期，在市里这家单位两星期（做出整一个月的节目）。林言本来能写能播，在节目组里，她一来就是个现成的壮劳力。当然，她的目的也实现了，她在市台露了脸了——“遛”了。这就是电视的好处，你既然上去了，几斤几两——它不会撒谎。林言担纲主持和编导的首期节目，因为内容切合实际，反映了主办单位及涉及群众迫切关注的现实问题，在播出后引起较大反响，应观众的要求，台里临时调整了原定的只在原重播时间重播一次的播出安排：自首播的第二个晚上开始，在每天晚上8点的黄金时段，整整连续重播一周——一夜之间，“林言”的名字居然在市里“小有名气”。当年七月，她拿到了大专毕业证书；三年后，林言通过了台里的又一次招聘考试，以专业人才引进的方式破格调入了市电视台——按她自己的意愿（或者说“梦想”），她的人生由此“转向”了。

2

回忆是甜蜜又苦涩的，夹杂着必须强力按捺的兴奋。直到现在，早已离开了电视的林言还是会纠结，她要不要回去？回去继续从事自己曾经梦寐以求的事业，相比于其他方面的能力，自己认为唯一擅长的事业？她不知道。她有时候没有把握，有时候又觉得，现在回去，可能会是她最好的时期——因为她虽然不再青春，但是她拥有了这么多的感受和经历，现在，再把它们都吐露出来……她

不再是那个虚骄的“主持人”了，她已然是一个对生活思考的分享者。是啊，那一切，曾经是她的梦想啊，是深深深深折磨过她的梦想啊，是一个中等职业学校毕业的女生的可称之疯狂的渴慕啊，它们在她的人生的那个阶段，留下了多么深刻的印记，她为了它，苦苦追寻了那些年，她怎么能把它轻易放弃……

骨子里，林言不是一个好高骛远的人。父母在血液里遗传给她的两个字，是“认真”；而她也相信，从来没有什么是可以一蹴而就的。她的认真，几乎是倔强甚至偏执的：从小时候要仔细刷洗近半小时直至没有一个污点的白球鞋到考试时每一处反复检查的试卷（中考那次是一个例外）；从在学校事事较真的“班长”到即将要走上的工作岗位，一直如此——就是扫地，林言也是做得最细致的。从学校分配进厂，将要从厂人事科分下车间的时候，各个车间主任都到场领人；在此之前，人事科给了林言们一个任务，打扫现场的卫生。同班的大家，分到各自车间的由头，是在后来才知道的。当时，人事科长说，大家等一等，来带你们的人都还没有到——其实，从头到尾，车间主任们在一旁，把这伙小青年干活的

姿态，摸了个清清楚楚。林言是第一个被要走的。据说，这是厂里几大车间中环境最好、最干净的一个车间，车间主任是最先要人的，根据同学们扫地的表现，本来想要个男生的计划就这样被推翻，原因是——这个女孩的活儿做得太认真了。没有粉尘，没有噪音，要做的只是在控制室里用微机控制塔林中的各个阀门和每两个小时的现场巡视。林言的工作，已经够同学们羡慕的了。在化工厂的流程中，这一过程被称为“净化”。

尽管专业对口，分到厂里才发现，原来学校学的那些，基本并不在实际中用上，顶多就是懂得了基本原理，要想学会操作，最重要的还是要跟着师傅学习，肯于请教，一切从零开始。林言的师傅，也是班组的班长，省内南方人，40多岁的年纪，1米7多的个子，国字脸，说话少，笑容多，一脸和气，是车间里有名的“老好人”（据说，也是厂里“怕老婆”的典范）。其实，他不爱带女徒弟的，嫌不方便，女孩子面皮薄，说不得骂不得的，不好教。先跟着走吧。到了班上，把要做的事说了个大概，总而言之，还是跟着班里的老师傅们学吧，先看他们干活，不懂就问。于是就先看，原理看起来是简单：整个车间都是微机控制，具体控制只落实在那上上下下的箭头上，根据显现的数据，实时微调，以控制喷淋塔上各个阀门的进出量。楼下的化验室每一个小时提供一次采样化验的结果，结合化验结果再进行调整。怎样？不复杂吧！可是经验是很重要的，否则就没有老姜更辣的说法了。真正动起手来，那些个仪器一个个都是势利眼，你怯生生伸出手去，结果指标要么大了，要么小了，唰刷跳着的数据，让人紧张，天啊，到底要怎样掌控一个最佳的量？让人头疼！化验室的大婶们也不是省油的灯，面对才分来的小青工，她们说话可不客气，电话大概用的是免提，这边没听懂，怯怯地再问一遍——那边报数据的可不耐烦了，你干嘛？多少多少多少，你听不懂该？挂下电话，林言的眼泪怎么也忍不住了，吧嗒吧嗒砸在控制台上。师傅一看，憋不住了，这些婆娘什么德行，他可太清楚了，他拿起电话，“老好人”喊不出什么厉害的话，只说：好好说嘛，你们吼哪样？欺负人家小姑娘家你们忍心？哪一个不是从不懂才懂的？你一来就这么厉害？太不像话了！我跟你们说，你们现在稀奇，你们欺负她，她将来肯定比你们都强！放下电话，他没忘安慰安慰林言：啊，别跟她们计较，这些婆娘就这样，别哭了啊。林言的眼泪止住了。师傅虽说平时话少点儿，还是好师傅，自他这通电话打过，从此，化验室的大婶们一听是林言，再也没大声张罗过。师傅的好，还体现在心细上，林言是女徒弟，就不可能像男徒弟跟师傅那样近，可以常常去师傅家走动走动，陪

师傅说个话聊个天儿喝个小酒什么的，林言只能把劲儿都使在跟班学习上。说来惭愧，林言从没给师傅买过什么；也从没上过师傅家的门，可师傅从来没有介意过。林言感冒生病，嗓子哑得说不出话，第二天，师傅就把一袋子在厂医院开好的药，递到了林言手里；夜里倒班，劳资科的人查岗，师傅提前悄悄绕到林言凳子后，将正在打瞌睡的小姑娘拍醒。师傅唯一的嗜好是钓鱼。有一次，夜班临下了，副班长（他原来也是师傅的徒弟）提议搞个班组活动：一块儿去钓鱼！——立刻得到了大家的响应。师傅钓鱼很厉害，肯定是不愁吃的，副班长是早有计划，把锅碗瓢盆连带烹调佐料都准备好啦。大家下了班，骑上自行车往厂子附近的水库赶。早上八点，太阳刚探出头，阳光还不扎眼，正是早春，空气里已没有了寒冷的气息，凉爽的微风轻拂着脸。大家裹着上夜班的大棉袄，在树影里穿行，年长的师傅们开着林言听不懂的玩笑，一路嘻嘻哈哈追着撵着，到得水边，下了钩，不会钓鱼的便倚着石头睡了。一觉醒来，果然丰盛，男师傅们的活儿干的甚是麻利，拾柴火，垒灶台，一锅子鱼已经下了锅，正噗噗地冒着热气，那奶白色的鱼汤会是怎样个鲜哪！林言们咽着口水，一骨碌爬起身，找到自己的饭盒，围向火边去。才钓到的水库鱼吃清汤是最鲜的，只需一点儿盐和胡辣椒面，就是无上的美味啦！看着大家的馋相，师傅呵呵地笑着，张罗着给大家盛上。鱼煮得啦，盐呢？盐？副班长忙把佐料包解开，抓挠了半天。不会吧？什么都带了，唯独没带盐？名列百味

先的盐？副班长又倒腾了一遍：还是没有。啊呀，他讪讪地笑着，啊呀！真是没带！——喔唷，这一锅好鱼汤呀！可惜师傅忙一早上啦。班组里其他年长的师傅摇着头。师傅说：算了算了。没办法，赶回去拿是不可能了，就着现成的吃吧。虽说没有盐，味道总差了一点儿；不过，最后，锅里一条鱼没剩，鱼汤也喝了个干净！

不负师傅那通电话里的“预言”，一个月后，林言单独上了岗；三个月后，满了师，林言也可以和班组的师傅们签一张工资单了。厂里要搞文艺汇演了，各个车间都要出节目。林言和班组里的张静搭档，准备排个双人舞。张静是厂职工子女，比林言长2岁，已经是工作3年的前辈了，名如其人，身材小巧，秀发及腰，性格文静，轻声细气。平时倒班，总抱本书准备自考，属于典型的文艺女青年。这次，由她主排，林言配合，准备出个“诗话舞”。特有创意的是，林言跳男角。汇演那天，在钢琴曲的伴奏下，诗歌朗诵声中，短头发的林言穿了紧身衣，三蹦两跳到达了舞台中央，一招一式一劈叉，怀中张静犹如小鸟依人，两人动静相宜，相得益彰，居然博得了满堂彩，夺了个表演二等奖。汇演结束后，厂工会通知获

奖节目演员集合，从中抽出人选，打算再集合组成厂文艺队，征战省里全系统的文艺汇演。林言也被抽到了。到厂俱乐部报到那天，一点名，厂工会副主席惊得张大了嘴巴（他是文艺队的老前辈，尽管人到中年，舞蹈功底仍旧了得，厂工会橱窗里照片上那个肩扛红旗空中劈叉的造型，至今无人超越。他表演起来表情特生动，脸上最有特点的就是这张不笑也似笑的嘴巴了），此时它简直圆成了O形：嗯？那天场上演出的是你？不是一个男的吗？场下“哄”的一声笑开了。林言红着脸，不好意思地拽拽自已剪得短短的头发，再悄悄看看自已肩阔胸瘦的身材，讪讪地笑了：是我呢，跟张静跳舞的就是我呢。——啊呀（看样子，副主席这一惊吃得不小，呵呵）！！哦哟！！！——唔，罢了，来也来了，留下吧。被当成个男的挑到文艺队，这个小姑娘也够愣的了吧？也正常，十八岁，本来就还不太醒事，照现在来看，也就是一大一新生，啥啥不懂呀。尽管这样的例子不多见，却也是厂文艺队的经典了。排练期间，工资照发，奖金不扣，那就去吧。被当成个男的，反正也不是第一回：春节厂里搞团拜，班组专门到外面的舞狮队借了服装、家伙什，副班长和另三名男同事扮上了狮子，其他人敲锣打鼓放炮仗，林言当狮童，经舞狮师傅一番教习后，扎了个朝天髻，身着五彩衣，拿着绣球舞着跳着招摇过市，从进厂大道一直舞到生活区，围观的人还真不少。都说：这是从哪儿请的狮队呢？扭得还真好看！在文艺队，男角女角都当过，林言本来也没受过什么专业训练，从来也就是依葫芦画瓢，虽然走的野路子，靠着个多来两遍，也勉强跟上了，这在一帮“有功底的”帅哥美女中也实属不易了。因为年纪小些，也懵一些，队里的哥哥姐姐都叫她小言言。林言的长处不是跳舞唱歌。林言的长处是“说”。进厂前填特长，林言填的是“演讲”，大大小小先从车间讲到厂里，再从厂里讲到省系统巡回，误打误撞进了文艺队，大大小小朗诵的活儿就是她的了，在文艺队，又得到了前辈的指点，林言还真讲得像模像样了。再后来，林言有了站到台前的机会——晚会的节目主持人。两年后，林言从车间调到了厂宣传科。

3

宣传科不到十个人，办报纸，还有自己的广播电视，报纸合计四版，每周出版一次；广播的自办节目固定在每天上下班的三个时段播出；电视新闻10分钟，每周更新一次，新闻过后，就给大家放录像。印象里，在宣传科的日子，林言过得并不轻松，因为所有的人都在忙碌，所有的人都在画版、赶稿子、弄照片、下车间……，而作为新人的林言，初来乍到，甚至有些手忙脚乱——林言的生活节奏，倒似乎更加快了。这次，林言的师傅有两个，一女一男。女的年纪不大，是直接进的宣传科，当的广播员；男的四十多岁，中等个子，身材细瘦，文质彬彬，鼻梁上戴着一副细边框的近视眼镜。他是广播电视的编导，也是女师傅的前辈，管着她俩。师傅是厂里有名的才子，文章在市里的日报常见报，还写得一手龙飞凤舞的草书；歌也唱得好，基本属于半专业水平，偶逢节日上台，一首《草原之夜》一亮嗓，台下顿时掌声雷动。师傅的稿子出产又多又好，管徒弟也认真，林言一到组里，他便让林言读几个“史”：外国文学史，中国文学史，现代文学史……弄得林言战战兢兢；这还不算，听到林言在上班时没有使用工作语言——普通话，就要批评。高压之下，林言的普通话还真进步了不少，工作之余也学着女师傅的样子开始了新闻专业的自学考试。广播员的工作，看起来清闲，其实也未必。每天，当值（每人当值一周）的时候，林言要把一天的来稿改好、编好；同时，报纸上的事情也要适当帮忙，外出采访则由师傅带着另一位广播员去。工作量最大、最忙碌的时候是每年的大检修。全天都要播出节目，报告比学赶帮超，同时还有安全提醒和好人好事。吃饭都送到现场，整个厂子倒像是过节一样。食堂师傅忙不过来，各车间的厨艺好手都上，卤鸡脚、凉米线，等等等等。送到现场，大家就地一蹲，捧着大碗，趁这功夫休息玩笑，吃得开心热闹。机关的任务，是清理各条排污沟，捞出沟底漆黑发臭的淤泥。每个单位管一段，红旗遍地，热火朝天。就是林言们，除了采访，也分了任务，挽起袖子，大干了三天（大检修没热水，无法洗澡，也臭了三天）。

到了清淤已经是检修尾声了，前期工作主要还是大检修时的

采访。现场临时架了大喇叭，安技科里找了一间小房，就是临时的广播室。两个广播员，一个在屋里编好各车间的来稿并播音，另一个就跟着师傅扛着机子去现场采访。师傅爱穿水鞋，齐小腿肚的水鞋，走路有个习惯，就是老横着走，因为这个特点，大家就说他是“镰刀脚”——这是边走边割着庄稼呢。他也不介意，和大家一起乐。到了现场，抽空休息的师傅们互相推搡着：说一个吧说一个吧，谁也不站出来。车间领导眉一皱，开始点名：你！去！去去！快点儿的，磨蹭哪样？别给我们车间丢脸！好好说，说不好，收拾你啊！这才把一个汉子推到前来，他摘下安全帽，脸上盘着两条油污：那我说什么话？普通话？本地话？得到回答后，便清清嗓子，嗯，嗯！我们车间……说到后面，就完全放了开来，手一挥，反正，我们有信心赶在前面！

多年后，林言还会想起第一次参加大检修的情景，还会想起当年现场的轰轰烈烈，想起那些一早被广播声叫醒，忙碌着却始终笑着的人们。他们的梦想，是怎样的呢？而她的梦想，就是在那时萌芽的。那时，林言还没有调到宣传科，是因为科里人手不够，临

时从车间里抽的人。10几天以后，每个车间都完成了检修任务，小小的现场广播室也将在明天撤出。这是厂里一年来难得的沉寂，夕阳金黄，偌大的厂区一片宁静。屋内，桌上的来稿都已清理完毕；屋外，各个高塔，各条管道整装待发。今天，厂子里的几千名疲惫的工人终于可以坐下来吃一顿不赶不急的晚饭；明天，他们都将重返各自的工作岗位——点火、试车、启动，厂子里又将开始新一轮的忙碌。林言也将回到车间，继续自己日常的工作。面对着眼前的话筒，嗓音已轻度嘶哑的林言说完了告别的话语。与话筒相伴十几天，她忙过，累过，却从来没有厌倦过。相反，对眼前将要告别的一切，她心里有了一种异样的情愫：她好像是本来就喜欢做这件事似的——对！她就是适合做这件事的人。只是——明日将来！

关了话筒，林言闭上了眼——悬挂在现场各个角落的大喇叭里，传出来的是广播室为大家安排的最后一首歌，那是车继铃的《最远的你是我最近的爱》。歌声与夕阳那金黄的温暖一起，飘荡在厂区上空……

……

夜已沉默 心事向谁说

不肯回头 所有的爱都错过

别笑我懦弱

我始终不能猜透

为何人生淡薄

风雨之后 无所谓拥有

萍水相逢 你却给我那么多

……

“萍水相逢 你却给我那么多……”——歌声里，闭着眼的林言明白：自己已经有了方向。学校的演讲、车间节目的排演、文艺队的朗诵、平时无聊时在宿舍里的狠读报纸……此刻，都有了意义。

明日……明日将来。

4

两个大检修以后，林言调到了宣传科。终于，可以不用三班倒啦，再也不怕夜班打瞌睡啦。早上调好闹钟，准时开广播，上了正常班。终于，林言的头发长了，身材也在文艺队的排练下柔软起来，看起来也是个真正的姑娘家了。同班的同学，先先后后成了家——该来的总是要来的，在两位舍友相继搬出宿舍后，林言终于感到：也许，21岁的她也“可以”恋爱了。

也许，是应该“谈一个”了。自从两位舍友先后有了男朋友，

再后来谈婚论嫁以后，林言就明白，自己再也不能跟她们往一块厮混、逛荡，一起寻野菜，一起做饭吃了。而且，每次“大姨妈”来痛得要死的时候，那碗糖水蛋也得自己煮了。林言孤单下来了。好在林言有那么多的事情要做，并不特别感觉到非“找一个”不可的迫切，她只是不想自己在同龄人的中间，被视为一个“异类”——

“恋爱”是什么？为什么舍友们能在高高兴兴经历完这个过程之后便笃笃定定的决定结婚？为什么，她们能那么快的就知道，这个人就是那个注定要和自己厮守一辈子的人？对“恋爱”这件事，林言实际上是晚熟的。从学校到厂里，她一直搞不清楚：一场恋爱该怎么谈？谈起来感觉如何？——少年时挨的妈妈那顿打，打得林言很讨厌被人“追”，自己更不想“追”谁。怀春的少女，有几个没有向往过自己的白马王子和浪漫的爱情呢？可林言还真就没有，因为此时的她尚不能正确地评价自己，也就不能正确地评价他人。换句话说，就是，解答不了：我是怎样的一个人？我想要一个怎样的未来？我喜欢并且适合我的人到底是什么样子的？情感上，林言似乎总在经历着童年——那种你不说喜欢我，我不说喜欢你，却可以早早晚晚厮混在一块儿，大声笑闹，吵吵嚷嚷，拍拍打打的相处是再也不能了。再换句话说，人家都“有了主”了，你跟谁玩儿去？你还能跟谁你捅我一下，我搜你两下？你得自己学着过日子了。可是，接下来，这恋爱该怎么谈呢？

也许，恋爱是一种盼望——林言想起刚进厂不久的时候，那

个陪她在夜班巡视现场的男同事。他比林言早几年进厂，在厂里的人缘，女孩子多过男孩子——造成这个情况，兴许确实是他的错：长得帅且话又多。新来的女孩子们，在别的男孩子面前还拘谨矜持，但只要有他在，只要他一开口，总能把她们笑得前仰后合。林言很高兴见着他，也盼望他来。那时流行“赛车”（单车），林言的工资拿到手，立马擦掉口水买回一辆。车子刚取到，他便怂恿她直接骑上，他在旁陪着她直狠狠骑了半个多小时，一直骑上水库边开遛——在那条长长的大坡上连疯了几个来回，把个林言遛得满脸通红，头发窝里像刚放了炮仗才罢休。同宿舍的一个舍友有一手好厨艺，他也跟着沾光，有时带点儿小菜；有时索性空着手直接来蹭饭。看在他算是林言的“救命恩人”的份儿上，两个舍友也不说他，每一次来都笑脸相迎，转身就往桌上添一副碗筷——那次，他陪着她们上水库游泳，游了一会儿，除了林言，几个人都上了岸，坐着休息晒太阳；就那么一错眼的功夫，他往湖上一看——不好，还没返岸的林言两手竟然毫无章法地划拉了两下子；不及多想，他“噗通”一声下了水，三下两下游到林言身边，揽着林言脖子回了岸。上了岸，林言脸色苍白，惊魂未定；他拍拍她肩膀：吓着了吧？你也把我吓着了！是抽筋了吧？呆愣着眼，林言点了点头。停了停，他笑了笑，又挤了挤眼睛，还好我在。以后我不在可别自己来！嗯？对了，还有你们俩！说着，他用手指点了点正忙乎着给林言披毛巾、捏大腿的两个舍友。有时候，逢着他和林言一块儿下了班，又正赶上天气晴朗的傍晚，俩人便把单车往路边一支，就地坐在田埂上，谁也不说话，就那么各自托着下巴，一齐看着天边的夕阳落下……直到又一个天气晴朗的傍晚，他俩又一次坐在路边田埂上，看完那一轮火红温暖、却从灿烂光芒沉入寂静暮霭的落日，他开口说：林言，我要走了，我爸给我在老家找了个单位。林言哦了一声。他俩站起来，他伸出手，笑了笑：要走了，握个手吧。

也许，恋爱是一种彼此做伴儿的依赖。宿舍里的舍友谈恋爱，是甜蜜在每个日子里的。作为情侣，他们一起上班下班，如果班次时间不一样，总是男孩子一趟一趟不厌其烦地接接送送。他们还在下班后一块儿逛菜市场，一块儿煮饭炒菜。此外，几乎是恨不得全天候腻在一起。作为同宿舍的舍友，林言在白蹭饭的同时，也被那柔情蜜意虐得够呛。就是这些家伙，把她的舍友们都抢走了。这些小情侣，似乎都在以自己的幸福感受争先恐后抢着告诉你：谈个恋爱吧，恋爱能让你感到真正的幸福……

总之，在“恋爱”这件事情上，她是愚笨的。没有什么常识，更没有什么经验——她只是觉得，在这件事情上，舍友们、同学们、或者所有的 “别人们”，人家都比她知道得多，也做得好得多得多。就拿两位舍友来说吧，稍大点儿、沉稳、做事麻利勤快的那一位，选择的是一位文质彬彬的技术员；温柔、娇俏、长发及腰、老是微笑的那一位，选择的是一位敦实、开朗、总是大包大揽的同事。他们看起来都那么合适，又那么开心、甜蜜。只有她，像一个

担心考试不会及格的小学生，窘迫而又手足无措。

总之，她决定，认认真真考虑一下这件事。可是——她的恋爱，一点儿都不激动，也不愉快，更不幸福。比起谈恋爱，她更留恋那些几个舍友一块儿住的日子，说得上是相依为命，几个女生嘻嘻哈哈，开心的时候更多；她想念她们一起去春天的野地里寻野菜，想念那一手好厨艺；她想念她们早早晚晚总能在一起，想念那一碗热乎乎的糖水蛋。可是，谁也不能和女伴儿过一辈子吧？况且，她愿意她们过得开心、希望她们幸福啊！她不能埋怨她们把自己抛下……可是，她的恋爱，谈得好费劲啊！——她在一个成人的年龄开始恋爱，选择接受一个从外表到“对她的好”都“无可挑剔”的人，在别的同学谈婚论嫁的时候开始恋爱，按理应该理直气壮——她却仍然有着深深的迷茫感甚至犯罪感，总觉得这时候恋爱是不道德也不“合适”的。因为，这是她自作主张——她不知道父母的期许：她到底什么时候算是到了可以恋爱的年纪？这时候就谈恋爱对不对？应该找一个什么样的人？——他们从来也没有就这一个话题谈过。面对着这个难题，她一个帮手也没有。她的恋爱谈

得偷偷摸摸，她以为可以把他带回家了，爸妈的脸色却阴沉得可怕——他们不喜欢他。那么他们喜欢她什么时候开始恋爱呢？他们喜欢她恋上什么样的人呢？他们从来也没有跟她说过，也从来没有给过她一个什么标准，哪怕是建议和商量：三儿呀，你现在开始恋爱对不对？女人应该找个什么样的男人？他们只是脸色阴沉。没人跟她谈过，姐姐远在工地，自己要应付的很多，也没有多问过妹妹。不明白归不明白，不喜欢就不喜欢吧，反正林言也从来没有想过要结婚。她唯一明白的是：如果，按照书上的描写或者身边某个女友的实际表现来看——她还不够爱他吧？对他，她从来没有那么盼望，从来没有一想到他心里就会怦怦直跳；而且，她想做的事情好多啊，都还没有做成……眼下，她的未来还没有"结婚"的位置。这样断断续续过了1年，他等不了了，在她开始市里、厂里两边兼职的时候，他们开始争吵和猜忌；半年后，林言借用到了市里——他们终于回归路人，却不再相遇。

爱过吗？不知道。她只是知道，自己也是认认真真在付出。因为，她认定他是个好人：是，他没陪她遛过单车，也没陪她看过夕阳——可他总在生活上照顾她，在林言忙得误了饭点的时候，为她端上一碗泡面；在林言累得歪倒睡着的时候，只静静地给她搭上毯子，起身离开并悄悄地掩上门——他没欺负过她，他只是不够理解她——可是，有谁知道，在一段恋情里，女人往往付出的更多？也想要得到更多？她们可能爱得不聪明，可是够真诚。哪怕这种真诚

其实只是她们理解的所谓“应该”的。林言想，在恋爱里，女人是渴望交出自己的心灵和灵魂的。因为她渴望着一种和谐和共鸣，一种彼此相知的美——如果恰巧赶上一个懂得这种渴望的人，那么，万幸，也许，她就此被珍惜；或者，恰巧，她选择的人怎么努力也走不进她的世界，那么，不幸，她注定要为此付出痛苦和代价……那是纷纷乱乱的几年，来回跑，不知未来；还要承担无法向人言说的悲哀。她的奋斗，似乎从来没有人理解过。她给自己定的目标，看起来是多么的遥不可及！没人支持她，包括他，也在摇头，劝她“不要再瞎折腾啦，你不知道，人家都说你什么……”（知道啊，那句话，是不是“心比天高……”？有人跟我说过了。）甚至，在他的面前，她都不敢提起工作的话题，提起来，他便不高兴；提起来，便要吵……她孤军奋战太久太累，再没有吵的力气；眼前的现实又太茫然太无望，她自己都开始怀疑，还要不要坚持下去。3年了，她一直处于被“借用”的身份，迟迟不能办理正式的调动——人就是这样的贪心：一开始，只是想要一个证明自己实力的机会；到后来，便想要登堂入室了——但是，难道不可以这样想吗？这样的要求是奢侈的吗？老实巴交的父亲摇头，人在屋檐下，岂能不低头！要强的母亲，望着女儿的脸色，试探着说：要不我们也找找人，送点儿礼吧（林言后来知道，这是邻居的点子）？林言一口否决了。不，我靠自己实力吃饭，不整那些！可是真要调不过来——林言想，那么，我就走吧，到省城去碰碰运气。如果考不上这一行，做别的也行，比如酒店管理什么的，反正，我是不会再回厂子里去了。不是厂子不可爱，不是对厂子有多大的意见，厂子里有帮过我的人，厂子里有人情有回忆，我只是知道，我想要寻找更适合自己的生活。人活一世，难道真的不可以追求自己想要的吗？

在林言冷冷清清徘徊于冬青树下的时候，同学们陆续搬出了单身宿舍，曾经给过林言帮助的朋友们有的调走，有的离开，此时都不在厂里了（这些先离开的人，告诉她另一种生活的可能）。形单影只的林言守着寂寞，来来去去。在这些日子，她只有一种相信：那就是，她能等到自己想要的。第4年，借调令来了；第8年，正式的调令到了。生活就是这样验证着林言的执着，它可能不是可爱的，但却是公平的；认真付出的人，总会有所收获。在新男友的陪同下（后来，他成了林言的老公），林言搬走了宿舍里的所有东西，尽管无人送别，林言却感到从未有过的轻松：我走了！真的走了！

从哥哥的货车上把不多的行李卸下来，看到在家忙碌的爸妈，搬回了自家小房间的林言感到了从未有过的踏实。完全调过来之后，生活开始忙碌紧张起来：在新单位，她担任着三个栏目的主持人；同时，还兼着一个固定栏目的编导，有时也要自己摄像，自己编片子。另外，组里还做一些大型节目的录制——她有时是场上的主持人，艳妆华服，与搭档谈笑风生；有时是场下的摄像，戴着耳麦，和同事们一起，从开场一直站到结束。是啊，这就是她要的生活和梦想——她得到了。

10年后，抱着一个浅浅的纸箱，林言走出了单位的办公大楼。她想起了厂里那间小小的现场广播室，想起了那个身穿着工作服，闭着眼睛沉醉在音乐中的自己。当时，在简陋的话筒前，她开启了自己的梦想；而今，她已转身，面对的不再是话筒，却不知下一个方向。她的耳边再次响起了那首歌：

……

风雨之后

无所谓拥有

萍水相逢

你却给我那么多

……

人生风景在游走

每当孤独我回首

你的爱总在不远地方等着我

岁月如流在穿梭

喜怒哀乐我深锁

只因有你在天涯尽头等着我

……

这10年，她的每一天都是充实的，她做过很多她喜欢做的事情。除了结婚、生孩子，她从没休过什么假——幸运的是，那时候，做出来的东西有人看，还有人给节目的主持人写信、打电话——说说对节目的看法、意见和建议。她甚至尝试做过一个在当时从内容到形式都颇为“新锐”的节目的制片人。为了这个自己头一次当制片人的节目，做样片那会儿，产假刚满的她和组里的年轻人们一块儿出去采访，一块儿熬夜剪片子，饿了吃路边摊、晚了睡公共浴室（已经过了夜里12:00，住宿区的大门已经关了）……忙碌了几个月，样片修修改改终于正式播出，节目两天一期也上了正轨，一期又一期……然后，一直到了现在——是该说再见了——可林言的心中还有太多歉然——因为带的实在少，直到现在，2岁多的女儿见了自己仍不怎么叫，却在一次林言偶然接到办公室时，向一位逗她“要给糖吃、要带去找漂亮大姐姐，但是要叫声妈妈”的女同事张了口：“——妈妈！”——那声叫，叫得和善、开朗的女同事一脸尴尬；也叫得林言瞬间呆愣，眼泪直在眼眶里打转……还有组里的那个小才女、小妹妹——大学毕业不久，跟上了林言的新栏目，天天忙得脚不沾地，三天两头熬夜，带着个黑眼圈东奔西跑，从没怨过苦和累——却在兴冲冲的一次采访回来后，遭了林言劈头盖脸的一顿批评：栏目两个版块，15分钟，四个人，两个组，林言那天上午临时有事出差，将节目交给他们叁（主要是交给了负责编导的小姑娘），林言放心出了门；结果到下午林言回来时，晚上就要上的节目还没见个样形——出去了一组人，到现在还没有回来；眼看晚上就要播出，难不成是要开了天窗？林言心急，加上一听说，他们采的是一个重复题材；节目另一个版块的内容，还啥都没有呢！——刚跨进办公室的小姑娘还没开口，便遭到了林言的一顿痛批：说过多少次！做事情要分个轻重缓急，手上现有的题材要紧着先做，重复的题材先放一放；要赶那还没米下锅的，分组不分人，哪能只顾着自己的自留地！——小姑娘争辩不得，急得红了脸，“哇”——的一声哭出来：我还不是，呜呜呜，想节目有点儿余粮呗……而且，题材那么好、好，呜呜呜……后来，林言才明白了他们的计划和安排，加上林言及时地帮了手，节目也按时上了档，林言这才觉得自己那顿批对一个年轻的、刚工作不久、对工作一腔热血的女孩子来说口气实在太重了；虽然，小姑娘擦干眼泪没提离开照常还是东奔西跑，可林言心里一直亏欠：小妹妹，老姐是应该及时跟你说一声对不起的呀！……

这一天，南方的蓝天依旧天高云淡，阳光灿烂。面对着眼前将要告别的一切，林言微微的笑了：有梦想的人是幸福的。我幸福过，不是吗？

第四章 盘桓

1

林言穿行在一片塔林。双脚发抖地扛着摄像机上塔，越走越高，风也越来越大，吹得睁不开眼睛，林言默念着：不要向下看，不要向下看……一遍一遍，终于到了可以站定立脚的地方，林言强忍住小腿的痉挛，向下面的一片塔林举起了摄像机……大检修的小小广播室里，林言趴在桌上，从窗口射进的缕缕阳光，犹如银线，明亮得刺眼；一页页稿纸活像羽毛，四处飘落……车间的夜班，林言胆小不敢在夜里单独下楼，那个陪着她巡视的年轻的男同事边朝前走着，边回头对她说着话……是梦。在刚刚离开台里的日子，林言经常做这样的梦。

醒来时，林言总会坐起，沉默着，看着仍然漆黑的窗外，然后起身给自己倒杯水，坐下。这些梦……在传达着什么讯息呢？奇怪的是，自己调过来后的一切，从没有在梦里出现过。是不是，因为太过现实，真实得不必怀疑？而过去的因为不甘于过去，反而纠缠不放？

梦想开始得太晚，结束得太早，然而，这就是人生。不必慨叹，因为命里注定，你将不断前行——这就是你林言的宿命。也许，生命本来就是一场折腾——你又怎能奢望，时时可以随遇而安？你能做的，只能是等着它自己尘埃落定。

节目说停就停，她一时还缓不过这个劲儿。不是这节目做得糟糕，开播一年多了，稀里哗啦拿了几个奖，也小有了点儿知名度（台里没有什么收视率调查的设备，为了想知道节目到底有多少知晓度，大家除了在每次出去采访的机会逮人就问，连平时打个车，坐个公交，也不忘套套人家的话；几个人还专门上街跑了几天，在各个繁华路口逮人就问：你常看的节目是哪些？那你希望节目怎样更好看？——当看到人家随口就说出自家节目的名字，几个人欢喜得把那些熬夜呀，熬饿呀，成天脚不沾地赶呀，统统忘到爪哇国去了。），可是也得停——台里搞改革，自办节目分成两类：挣钱的和不挣钱的，不挣钱的削减，挣钱的继续努力挣钱。恰好，林言的节目，在此时期，不属挣钱的那一类——林言找到自己的直接领导：它的回报期就要到了呀，它很快就应该可以挣钱了呀——领导摇了摇头：我们已经努力过了。

节目停播那一天，栏目组一块儿聚了聚，几个人喝得天昏地暗，林言一纵身爬上了桌子：哈哈哈！不是缺钱吗，那我就学一学挣钱——那谁，把那几期拍好的留一下！留着！听见没？给、我、留、着！——慌得大家连忙一把拽住。林言摇晃着，手挥个不住：等着我，听见没有，你们？等着我！咹？！

林言办了停薪留职，去了朋友的房地产公司。

说是公司，却极小，刚起步，公司的管理者，连上她不过三个人；现聘的工程师，一个钉子一个眼。另外请了人手十几个，都

是销售。房地产那会儿不错，公司拿了块地，不大，却恰巧赶上了整个片区房价蹭蹭上涨。开盘那天，天不亮就挤在售房部门口排队的人摩肩接踵。几百套房子还在图纸上，就没了库存。正式交房的那一天，公司开了庆功会，公司老总、外号“三杯倒”的林言朋友斟了满满一杯，径直走到林言面前一仰脖子：我先干为敬！看着林言喝下，朋友说，林言，留下吧，当公司的副总，咱们继续一块儿干！林言摇了摇头。要不，我在宁德也标了项目，你过去负责去。林言斟了一杯酒抬起，一口咽下：谢谢！放下杯子，她望着朋友，你知道的，这房子盖起来了，我也该走了。朋友没说话，静了半天，先是摇了摇头，接着，叹了一口气，又点了点头：你呀。

3年了，她还是放不下。即使放不下，她却突然开始变得茫然，突然不知道自己到底要什么？3年前的离开和现在的想着回去——这些都不是她所计划的，既然没有计划，自然就更没有什么目的——只是感觉自己像一只撞进窗里的飞虫，懵然而徒劳地打着转；又像是一列向前奔突的火车，却突然改变了轨道。都说，人最难的，就是改造自己——到了朋友的公司，林言才知道这种改造的艰难。公司人不多，尽管挂着一个主任的头衔，林言的工作仍然是抱着每一份表格，跑遍每一个需要盖上印章的窗口。每一次出发

前，林言都告诉自己：微笑微笑微笑……并祈祷今天一切顺利；祈祷窗口的人可以多说两句（因为自己不懂呀，公司头一回做开发，也没谁懂）；祈祷跑个一次两次就能搞定……尽管实际情况往往相反。在公司这几年，公司领导每人挂钩一个标段，为了督查进度和质量，她脱了高跟鞋，成天穿着工作服戴着安全帽和工程师在工地钻进钻出，为了施工方没能及时整改的问题，她拍着桌子扯着脖子和工头大嚷。打桩、施工、 钢筋、窗户……大大小小几十个合同，面对着一个个乙方，几个公司领导齐上阵，轮换着唱完红脸唱黑脸，斗智斗勇，一一谈定。公司的房子好卖，有客户急着转手，慌慌找了买家，找到公司就要求替她更名——若只是改合同，那倒容易；她这套已经在房管局备了案的房屋，哪里能够说转就转？况且，做这主的是房管局，不是房地产公司——林言刚说出个“不行”，那婆娘的手指头直接就戳到了她的脸上。要不是站在一旁的朋友一把拉住，冲着那张猛然逼近自己的、已经不年轻的、脂粉涂得厚厚、嘴唇擦得血红、高声叫嚷数落着的脸，林言还真怕自己已经甩出去了那巴掌……房子起了，林言病了。

住在医院里，林言想，这是不是一个报应——因为自己对眼前境遇感到厌倦，又许下一个不该许的愿——某一日，又是华灯初上，疲惫的林言开车回家，看着医院一个个亮灯的窗口，林言心说，其实也不坏，趁着生病，休息休息，看看书也就过去了。那时的她太渴望休息，而似乎要达成这个愿望，只有生病。一语成谶。

后来，林言的月事一直不见干净，半夜也被小腹痛醒，情形达两个月之久，脸色蜡黄，满脖子痘痘（这是气血极虚的征兆），吃了中药也不济事——看了西医，当下住院：宫外孕。真是危险！医生开着住院的单子，看样子应该两个多月了，什么？你这久还在跟着排节目，又蹦又跳？真是危险！赶紧上住院部去，上厕所也得身边有人。听明白了？！第二天的手术，蓬头垢面从病床上爬将起来，跟着一名怀了身孕、身形蹒跚的护士前去排队、消毒……才插上尿管，林言就晕了过去。先是强烈的恶心，然后眼前一片白雾茫茫，围着自己的人脸霎时变得模糊，周遭的声音也变得远如天外……

“强心针强心针！快喊她的名字！一直喊！醒醒！醒醒！”——有人掐自己的人中，有人在拍自己的脸——林言睁开了眼睛。其实刚才那一阵子也没什么不好，不再恶心，不再疼痛，而且周围好静！好静！多么久违了的静啊！这样轻松！没有声音，什么也没有！只有静！只有自己！真个白茫茫一片大地真干净……耳里传来的第一句呼喊，林言甚至懒得回应……跟着，林言被第一个推进了手术室。手术后三天，用于导出腹腔积血的导管要拔出，可是发生了粘连，实习生不敢下手，连着拔几回都没成功，疼得林言死去活来，吓得实习生脸都变色了。医生赶过来，把病房家属统统赶出门外，往管里注了几筒生理盐水，感觉粘连处大概化开了，医生下手干脆，血淋淋的埋得深深的导管这才被拔出，林言咬着牙齿也忍不住“啊”了一声，额头冷汗直流，这才算下了刑。刚被医生赶出门外的姐姐这时一脚迈进门来，连连地啧着嘴：啊，啊，怎样啊，妹？林言喘着气：本来好点儿了，这下又回解放前了。勉强住了一星期，受不了医院的忙乱出了院。虽然在家休养了一个月才重新上班，林言的身体，已大不如从前，讲话声低乏力，总是气息不够的样子。多坐或多站一会儿，打过麻醉的腰便佝偻得不能直起，酸痛得仿佛要就此断掉……自此，林言真是明白了两个道理：第一，人要为自己的选择负责；第二，愿是不能乱许的。爸妈好吃好喝天天调理，直调养了半年整，林言那脸色才眼看着转过来了。

记得当时动弹不得，做完手术几天来，受够了疼痛、辗转的林言只能半躺在床，斜倚在医院的窗前。医院地处闹市，楼下仍然车水马龙，一片忙碌之象。只是从医院所处的高层的视角看下去，已然渺小、微缩了许多。看着楼下的芸芸众生，林言在一刹那忽然有了一个念头：生场病，其实也不完全算是坏事。起码，人可以停下来看清自己，检省自己是不是向前奔跑得太快了？为了追求所谓的“成功”“更好的生活”，人们给自己定了一个个目标：物质要丰裕，事业要“有成”，要年年有进步，岁岁有变化……如此反反复复，无休无止，左较又比，唯恐落后。其实，人生说到底何尝不就只是一碗饭一杯水一张床而已，“成功”了，难道便能跳脱如此俗套，便能一劳永逸，就此“幸福”“快乐”了不成？——个中道理，有多少人在该喘息的时刻顿悟？向着“成功”这棵酸葡萄树，大家不过都在奔跑，都在经历着亢奋或者衰竭。然后，某一天，入梦前，看看窗外，周而复始的黑暗降临，预示着将要进入下一天的循环，此时，一种惆怅涌上心头：过去的，已然过去了。人的青春和旺盛的生命力注定只有一次、不可重来。那么，我有没有好好活过？为自己好好活过？就是那个“自己”——那个藏在身体深处，却总是被排在最末位、习惯了被忽视、被掩盖了的自己——承受了那么多，“她”早就应该被疼惜——从此以后，我要好好活。因为，每分每秒，它们都在消失……看！楼下的众生，状若“蝼蚁”；而我林言，又何尝不是那么渺小卑微，如同一枚草芥？！我，哪有自己曾经认为的那样强大？我一直追求和想要得到的，真的就那么重要吗?

她太疲于奔命，她累了。

2

不是记挂着回来吗？那就回吧。结束了停薪留职，林言重新回到了原单位。自然，节目没能再做起来：组里原来的同事调的调，走的走，散的也差不多了；台里的政策没有变，林言两手空空，也没有了那种不管不顾的劲头——她可以去行政，给安排了一份坐办公室的工作。这安排不是很好吗？停薪留职这种事其实真的蛮有人情味儿的：如果你外头折腾累了，还有个地方可以叫作“回去”——起码，没有失了衣食来源。况且，她也需要时间静下来想想清楚：自己到底想要什么？

草芥天生有一个特点：就是不挑环境，哪儿都能活。加上在外头这几年忙乱的经验，林言对眼前的工作很快驾轻就熟。她也以为，自己将这样做到退休：每天按时上下班，处理并不复杂的事务，陪老人看孩子。生活忽然简单到了只是上班下班——林言重新穿上了长裙，画上了精致的妆面，高跟鞋迈得不急不缓。尽管工作琐碎、重复，每天的世界缩小为两点一线；然而，这是自己、也是多少人盼望的简单的幸福啊。因为与爸妈同住，林言甚至不用做家事，只管自己每日早睡早起，人也养得唇红齿白。需要下班飞奔至食堂给儿子带饭的同事，不无艳羡地说：林言，你好福气啊！是啊，林言也觉得自己幸福到“逆生长”了。他们已经从租住的房屋搬到了新房，从小区到她的办公室，仅仅需要步行10分钟；下班回家还可以有“爸爸”“妈妈”叫，洗个手就有可口的热菜热饭吃，已经上学的宝宝也乖巧听话，自己就没有操过什么心……是啊，该知足了啊！如果真的有“完美”的话，我林言现在所拥有的怎么说都算得上了吧——

某年某月某日周几 天气 小雨

6点1刻。我觉得自己很幸福。真的，每天睁开眼睛，听到爸爸在厨房忙碌，今天甚至还有雨声相伴到天明。接着，孩子们唧唧喳喳地被叫起床，我胡乱在睡衣外罩上运动衫，蓬着头发，睡眼惺忪，快速在女儿衣柜里找到一件看起来中性些的薄毛衫，下雨降温，要给在这暂居的小侄儿添件衣裳。可他不干，滑溜溜地抓不到，害得我趿拉着拖鞋满屋子追赶，好言相劝加上假意威逼，总算把毛衫套到了小子的身上——下午坐爷爷的电动车回来，不加件衣裳怎么得了！还没完。太阳能的水要放掉整整一桶。小子的毛巾大了些，笨拙地胡乱揉成一团，在脸上蹭；女儿披散着昨天才洗的自来卷，在镜子前叫：妈！我的眼皮又变成单的啦，真难看！于是卷起袖子，先把小子的毛巾拧干，在他喔唷喔唷的抗议中帮他把脸擦干净；一边用毛巾给他掏着耳朵，一边波澜不惊地对女儿说：没有关系的了，单眼皮有单眼皮的看场，知道吗，我们国家的第一个世界名模，就是单眼皮，如果她是双眼皮，跟大家都一样，她就根本成不了世界名模啦！——真的？！可是真的好难看……女儿嘟哝着，开始刷牙，长长的头发散了满脸。于是在完工了的小子的脸上狠狠亲了一口：这下好干净！去，干早点！回过身再来收拾这自来卷，要想在每天早晨短暂的十几分钟中把它们弄柔顺是不可能的，好在女儿要求不高，只须胡乱绑个马尾而已——7点整。

争分夺秒补觉的老公已经起了床，占了有马桶的洗手间，先。早上由他开车送孩子们。“你得让我，我有任务嘛。”早知道两个卫生间都装成马桶就好了。趁这功夫，我去把兔子小多（按老爸的话来说，它是一台造粪机）的便便倒到花圃里，又把便盆拿到厕所刷洗干净，再给它添把草——多亏了老爸每晚散步寻找，小多在城里也能吃到鲜嫩的青草。你就幸福吧！你个傻兔子（自打吃上草，饲料都少碰啦）!知道你想出来，你委屈一下，中午再放你，大家忙着哩。

7:15分，老公带着孩子们出了门。老爸也晨练去了——洗手间是我的了。开始洗脸，就着洗脸水，把盆里孩子们昨天换下的衣裤洗了晾好。这才开始拾掇。上班是8:30。够用了。梳洗完毕，早点是现成的，热乎乎的豆浆加鸡蛋加其他。小多哟，快吃！……

——这样的日子，林言过了5年；算上出去的3年，林言从原来的岗位“转下来”已经8年了。这是个很奇怪的数字，当时从厂里调过来，如果算上办正式调动手续的时间，正好也是8年。这个时间，似乎有点儿宿命的味道：命运行到这里，似乎总有一个拐弯，一个曲折不明，一种惴惴不安和蠢蠢欲动。

像当年一样，她又得“转”一次吗?

还是，她，又要开始一场“折腾”?

——山雨欲来。

似乎只是一夜之间，新媒体遍地开花。

国外一些创刊悠久、曾叱咤风云的老牌纸媒也不得不停刊。

香港亚视停播。

不知道真的假的，据说，有省级卫视甚至已经贷款发工资。

林言所在的单位也愈加减收得厉害，终于像是从过山车上滑了下来……

门外乌云压顶，门内分合未定。单位一边在考虑应对大的机构合并，一边也在内部科室部门做着各种调整……

这一切的发生、变化，林言不甚清楚，也没办法关心——一年前，她被单位外派到市里临时组建的一个活动筹备机构，活动级别高、时间紧，市里在各大部门都抽了人。她担任策划组长，组里人少事多，一睁眼，想的都是怎么完成当天的工作。她一天到晚高挽着长发，穿着板鞋，白天和赞助的商家签合同；晚上领着组里的孩子们（之所以叫孩子，是因为还都是些刚毕业的大学生）搬物资，坐在仓库的地上清点、装袋；另外，还要在彩排现场拿着个大喇叭，组织参加活动的6000多名观众出入场。一年多忙乱下来，瘦了一圈——3公斤一掉，成了尖下巴美人。耳朵两边，白头发也钻出来了，好在头发多，也还遮得住。成天里净和组里的同事们东奔西跑，正恨长不出个三头六臂；又恨时间过得太快，一天24小时也忙乱不定。偶尔回原单位，也听得大家议论，同事有调走的，也有辞职走的。相熟的也问林言：你还回来吗？——怎么不回来啊？市里那不过是个临时机构。——也有不回来的先例——回来回来。在这那么多年啦。呵呵，你们舍得我，我还舍不得你们呢！

在外忙乱了一年零两个月，带着张在自己名字后写着“优秀”的考核表，林言回来了。一早回单位报到，推开办公室的门，还是那些摆设，还是那些人（基本上）；好像什么都没变，又好像什么都变了。

原来的科室领导调到了其他部门，接替他的是一位从外单位调入不到两年的80后；其他几位在林言之后进入科室的同志几乎都分别任了职。只有一位是和林言同时、身份也一样的，他没动。只是，写材料写得颈椎嘎嘎响的他以此为由，一口气连着交了几次转岗申请。

这次回来，似乎只是在一夕之间，以职位来说，林言便被排到了最末，变成了科室里唯一一位年纪和资历都最长的“小字辈”。而且，据领导上的反应来看，似乎并没有要调整的必要和打算。

她终于明白，作为所谓的“事业编制人员”，在行政，无论她从业了多少年，拿了多少“优秀”，她的境遇都不可能有任何改变。不仅如此——因为无法取得职位（哪怕只是一个“相当于”——有的前辈的结局便是如此。），她也终将只能拿到除了工龄累加之外没有任何增长的薪水——这个“终将”的意思是：一辈子。

另外，还是因为她的身份——“专业技术人员”，自打来到自家单位的行政部门，手里没直接出作品，又没在一线履职，她的职

称也就此断档。

一刹那电光火石，林言忽然觉得自己无处可去。几年的波澜不惊，就这么消失了。

她像一艘渴望泊岸的船，随波逐流，醒来，却发现搁浅在完全陌生的一片沙滩。

恍惚了几个月，林言递交了转岗申请。“你想好了？”巨大的办公桌后面端坐的领导上开了口。林言沉默。想，我有“想”的权利吗？被派出去一趟，回来便物是人非。“现在没有岗位啊。”林言仍然沉默。别人都有，就我没有。“下去了，就只能是普通员工了。”林言笑了笑。我现在不普通吗？真是高抬我了。顿了顿，林言吸了一口气：“没关系。”“——好吧。”“——谢谢。”林言站起身。其实，这场交谈，我们不都是在等这一句话吗？等着我自己说出它。说出了，大家就都轻松了。皆大欢喜。一枚草芥，一枚善解人意、识相的草芥。草芥最后的自尊是：我，自己走。

说走就走。可是，自己能到哪里去呢？虽说递交的转岗申请表上写的是重回基层——8年的光阴，安逸了生活，蹉跎了激情，重新回去跑采访、做节目……她真的准备好了吗，她还有这个底气吗？——或者，树挪死，人挪活，也试试外调——调到哪儿去？又能调到哪儿去？哪儿不是这儿呢——要说是依着性子，自然是拔腿就走、辞职最爽快——你辞得起么？上有老下有小，辞了职，吃什么……林言的心乱成了一团麻。

收拾了东西，交了办公室的钥匙，将财务送来的离开员工纪念品留在了桌上，抱着个浅浅的纸箱，林言再次走出了大楼（这次要去的部门，办公室甚至不在单位的楼里）。这些年，拿了那么些个优秀，屁用没有。到头来，怎么进去的，怎么出来。鬓发茎茎白，光阴寸寸流也！年近不惑，重头再来，工资倒比原来少了几百块。

林言，你这家伙，干嘛非要玉碎啊？！

不，谈不上玉碎，人生这场折腾，离结束还早着呢。她可不是又一次剑走偏锋——又一个8年过去，她还真想再折腾一次。这一次，她听见了一个声音——那是从她自己的心里发出来的：是时候了，我再也不要随波逐流，我再也不要什么“考虑”、什么“安排”——我不想再活得像个乞丐，等着别人的施舍。我要为我自己想要的，再那么不管不顾地奔跑一次，只为我自己。

当然，她也确实打碎了什么，那“简单过日子”的幸福变得不再那么阳光灿烂了。重头再来，哪有那么浪漫？！这次“转下来”，别人叫她时改口了，自己收入也被降了，还要重新适应奔忙的日子……这些都不算什么。还有更艰难的：她将与同事们一起，迎接满楼风雨——改革改了那么多年，狼真的来了，她跟处于一线的大家一样焦急思虑：台里收入再这么减下去，也许真的会裁员。

是啊，一切来得太急太快，不过，在她林言的日子里，又何曾有过什么未雨绸缪？！

她终于知道，即使经历再多的失败，她也未必能堆得出那个

人们艳羡和追逐的“成功”。她是一枚草芥，也是那种生长在野地里的蒲公英，她努力借着风的力量飞旋向上，总以为自己到得了远方……从小到大，她受惯了关注，骨子里却软弱自卑。从小时候的成绩到长大后的不甘，她都在想证明什么……记得小时候，工地的医务室到学校来给孩子们打预防针，见了白大褂和针筒，大家直往后缩，就连平日里爬高上低、调皮捣蛋的男生也躲到了后头，林言却挽挽袖子，第一个走到了医生跟前——这就是她，她要证明自己就是什么也不怕！所以，她就是要考第一名，就是要当节目主持人，就是要得一等奖，就是要去学人跑房地产，就是咬着牙也要把外派任务漂漂亮亮完成……一个山窝窝里的孩子，却非要选择不可能完成的任务，将自己逼到极限——折腾！这样的人，在生活面前，注定了是要撞得头破血流的。是，小时候，她是第一名，但她不可能一直是，谁又会一直是呢？

从办公室收拾了东西回来的那一天，林言对着镜子咬牙切齿：对，我就是一个爱折腾的人，我就是厌倦一成不变的生活。我就是想知道自己要什么？能不能争取到？生命不息，折腾不止！有没有掌声，有什么关系？不折腾个一次次，你能知道自己活过了吗？！

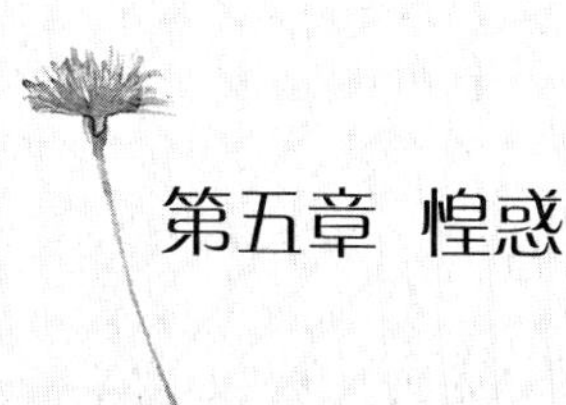

第五章 惶惑

1

四月，林言度过了40岁的生日。

立了秋，雨仍然下个不住，天气渐至冷了。

回来有几个月了。

回到了基层，回到了曾经一往无前打拼的一线。但是，现今的传统媒体地位已今非昔比，仿佛一夜之间，新媒体遍地开花；除了吃喝拉撒，无论男女老少，似乎都活在了手机上。传统媒体收视（听）下降，广告时间一再被放空；在更多的选择面前，受众毫不犹豫地将步调一致、口径统一的报纸、广播、电视抛弃。传统媒体可谓风雨飘摇。——地方台被冲击得更为猛烈。改革改了许多年，可当狼真的来了的时候，却仍然显得如此狼狈和踉跄。除了新闻，台里不再保留任何公益性质的节目；因为大幅减收，经费不足，台里也开不了新节目。死水一潭，一潭死水，空气比想象的还要凝滞，革新比想象的更为艰难。

同时，林言所在的城市也在面临着艰难的产业调整、经济转型。这个曾经发展迅速、生机勃勃，快速崛起的西部城市，也在时势前放慢了脚步，在转型的痛楚中寻找着希望。

在网络面前，传统媒体的光环消退殆尽。等待林言们的，是一场战争——生存之战！

但林言比同事们似乎要乐观一些：其实，自古今来，传播媒介一直在活跃、变化，从当年的报纸发展到后来的广播、电视，再到现在的网络……变革从来都是社会进步的结果，没人可以逆时势而行；只不过，打铁从来靠的是本身硬，任何一种媒介，要打造自身的影响力，仍然是“内容为王”，至于各种媒体形式，不过都是内容展示的平台而已。当然，要搭上网络这列车；当然，要抢占一个新媒体位置——但，这些都只不过是迈出了第一步——它的地位和影响力，仍然只能靠内容来巩固。而且，在内容的生产上，传统媒体是有优势的：在人员上，拥有一大批受过专业培训的人才；在公信力上，传统媒体的地位更是无可替代。形势虽严峻，却也还不至于阵脚大乱、自暴自弃吧。林言相信，不管媒介如何变化，受众永远是实用主义者，只要你生产的东西于受众而言契合需要，“有用”并且“好用”，你就有存在的理由。这一点，一些逆流而上，在非常时期，仍然拥有号召力和影响力的传统媒体即是明证。

然而困难重重。

现实远不止是做出来的东西没有人看那么简单。

林言接触到的现实，随着那一页页撕掉的日历——它们就像一片片违反节令，提前萎黄的落叶，还没有迎来生命的一片绚烂，就在冷雨中枯败掉落——正一点点儿被撕开，又被无情地抛弃；她像一个一直处在风暴外围的人，正渐至朝着风暴的中心走去，一路上从皮肤到内心，都越来越清醒地感受到风暴的力量。现实，让人不得不睁大了眼睛的现实，存心跟她的自我励志唱反调的现实——它已经储了那么一大缸子冰水，只等着她的到来，就一瓢瓢兜头而下，浇得她直打寒噤。

回来不久，林言参加了一个本部门与商家联合推出的品牌商品推介活动——团购。就是，商品促销。活动期间，单位出租场地，并且从头到尾对参加促销的一众品牌商家分阶段、分进度进行一系列软硬包装推广。也蛮好，只要是品牌商品，又是真促销，组团买东西，老百姓拿到的就是真实惠。这没有什么问题。问题出在现场——多年不上台，林言想不到，自己重新上台，上的是一个大卖场——没关系，咱不骗人，只要台里有收入、老百姓买到了好东西还省钱，这是好事。没什么不好意思的。只是，咱没有做过，不知道能不能做好；开始的时候，没什么问题；可说着说着，到了送礼物的环节，在林言搭档——一个年轻、乐乐呵呵的小伙子的调动下，场下的热闹竟然失了控——搭档正向台下倾着身子散发东西，竟有几个开盖和没开盖的矿泉水瓶子从台下直奔舞台呼啸而来，几乎砸到了搭档的身上。砸瓶子的人不躲不藏，索性还站了起来，理直气壮：送什么礼物？！半天也不给老子一个？！——林言怒不可遏。然而，从后台一路急步冲到搭档身边，看着满脸热汗、裤脚被掷来的水瓶打湿了一大片、尴尬却仍然强笑着、冲着她轻轻摇了摇头的搭档，她忽然觉得怒气梗在了嗓子眼里——你怎么样？没事吧？——搭档笑着摇了摇头。要过他手中的话筒，林言站定，深吸了一口气，停了一停：大家，都喜欢杨子（林言搭档）吗？——当然啦！（台下还是那么热闹）——如果喜欢一个人，会有很多种表达方式；但一定、没有这一种（林言俯身，拾起地上的一个矿泉水瓶子）。——……（台下沉默）——如果失去了最起码的尊重，还有什么所谓的喜欢呢？（站在林言身边的搭档走近了一步，低声叫了一声：姐！——林言用手势止住了他）——杨子，是我们非常优秀的节目主持人，如果您喜欢他，可以举起你的双手——但是，是为了他的优秀而鼓掌，而不是为了要让他受伤。我在这里先谢谢大家了！——林言退后了一步，俯下身，向台下鞠了一躬——直起身来，面对着静默的台下，她想再说些什么，却又感到无从说起；环顾四周，她顿了顿，像为了解嘲似的说道：说来惭愧：我在电视台工作已经快20年了，这还是我，第一次，在舞台上，跟大家做这样的约定……再次谢谢大家的支持和配合！谢谢！说完了这番话，林言默默将话筒递给了立在一旁的搭档，向着他轻轻地点了点头，转身退了场。（一直寂静着的台下，渐渐地响起了掌声。）

收拾了散落一地的矿泉水瓶，大家继续开工。回到后台，林言席地而坐，继续蜷缩在布景板的钢架下，看着自己身边的一切：还是那样高阔的大厅，还是那样明亮的灯光，还是那样忙碌的同事们；大家戴着耳麦，做着手势，呼着对讲，各岗位“就位了”……——这是多么熟悉的景象！可是，又是多么的恍若幻梦！此刻，她坐在这里，看着这一切，耳朵几乎拒绝了一切声响；只除了这一

个——它不管不顾、絮絮叨叨、反反复复在问着：林言，这是真的吗？这就是你心心念念一直想要回来的地方吗？林言……

又过了一阵子。这次是某保健品企业的年会。仍然是出租场地加实况录制（不播出。“我们不做，外头有的是制作公司做；况且，我们今年离完成任务还早”——部门领导语）。来参加年会的来宾，除了少数的企业工作人员，清一色全是老头老太太。开了场，致了辞，接着，便是企业特优产品的动态演示，现身说法——好得不得了，几乎包治百病；只是价钱太贵，随便一买也要几千大元；要一直身体有保障，不花个上万怕是不行（“这行业倒是效益好，前些年，都是租宾馆、酒店；人现在都租得起电视台（演播厅）了。”“前些年？前些年是个好片子！”——同事语）。

这次，林言没在现场。周末，参加录制的只是几个同事。看到他们的微信，又将商家名称上网查了查；林言脑袋里那声音又来了：“林言……”除此之外，它又加了一问：“真到了这一步了吗？啊？……”

下一次，等着她的，她们的，又会是什么呢……她应该感激的，对不对？没有这些，她们的衣食，哪里来？

路，在何方？

……

缺。什么都缺——缺钱、缺影响力；缺影响力、缺钱。林言们好像深陷进了一个无奈的咒语。长期的习惯和惰性，原有的传统媒体形象已经成了引不起受众兴奋点的“老”面孔，林言与同事们想要一个从头到脚都是新的东西。现实也不是一点儿希望都没有：林言所在城市是一个年轻的西部城市，新媒体虽如雨后春笋，但所幸传统媒体仍占山为王。况且，台里已经在尝试经营自己的新媒体。也许，我们可以尝试：在现有频道中精简掉半死不活的、收视惨淡的旧有频道，集中力量“创建”（更准确地说，是大幅改版、整合）一个全新的频道。一个在当地有人看，并且还会逐步养成收视习惯的频道；当然，频道的内容在网络上都能看得到——一定是好内容为本，同时用好网络和新媒体工具。我们不能忽视，在这个城市，电视仍在很大一部分人的生活中存在——不管是在电视机上，还是在手机上。只是，我们需要更了解他们需要的是什么？应该强化媒体的服务观念，应该考虑更快捷、更有效的信息传输，从内容到形式都是如此……那么，改版、整合一个频道是什么概念？举个例子说，想办一个新栏目，至少需要几十万元的启动资金；一个频道，至少需要几百万。在广告大幅减收的现实下，台里根本无法在新栏目上投入启动资金，更何况是一个频道！更不要说要重新包装，要启动数个新栏目……有这想法的这帮人不是疯了就是在白日做梦！既不符合台里发展新媒体的方向，也是在白费气力。可林言觉得，还能梦一梦，总是好的；总归，梦是活着的人才可以做的。她正在想办法，与有意合作的部门、商家接触，沟通；与同事一起商量撰写策划案送交台领导——但凡有一线希望，她也要去争取。

造梦，造个白日梦，实现它时，岂不更有成就感？！不是有部电视剧里的台词说得好么：越是被人耻笑的梦想，就越是有实现它的必要？！

但它毕竟还是一个梦，要把它变成现实，林言还必须层层努力，她要完成从部门——台里——甚至局里的重重说服。局里也已经在尝试经营新媒体（没有影响力，拥有一个APP又怎样呢？用户随时可以在手机里删除它），但除了对现有节目提出改革改版，并没有要整合频道的打算；况且，目前还没有一个赞助商可能成为频道经营的合作伙伴——路漫漫兮！

我总得把方案写出来。林言自言自语，如果要让我死心，就毙了我的方案。起码我尝试过。有一个梦——你如此执着相信它会成为现实，既然它美好到你愿意去相信，那么，你就要迈向实现它的每个可能；当然，也要面对和承担因此而产生的种种阻力和风险。

就算我是破釜沉舟吧！如果那一天真的到来，我就真的该转身了——改行，重新去尝试，去找一份新的工作，从0开始。

可是啊，林言，你哪有资格说破釜沉舟？

你正视过你活着的现实吗——年已不惑，一事无成，鬓间生白发，皱纹爬眼角，有老人要孝敬，有小儿要抚养……这时候的你，再也不能想怎么样就怎么样。比如说工作，比如说收入，比如说职位。你连打个喷嚏都小心翼翼。你属于自己，更属于他们。破釜沉舟不是你这年纪可以用的词，太奢侈了。

40岁，好尴尬的一个年纪啊！真要去找工作，只怕都没有用人单位要！

那么，这年纪该用个什么词儿呢？

有一个——“委曲求全”——可是你没有。

是的，我没有。我说过了，这一次，我听从了自己的心；我还想说，我这一次干得很漂亮……可是啊，林言，这年纪的任性是需要付出代价的。任何时候的任性都是需要付出代价的。

比如：一夜之间，你突然没有了事业，你四平八稳喝茶看报的生活遇到了急刹车，你一直熟悉的亲人忽然话不投机。就因为，你念念不忘的“梦想”“内心”。这年纪了，谈这些合适吗？！

从0开始——难道，你现在，还，不是一个0吗？

惶惑的不仅是事业。现在的林言，没有事业，没有足以带给自己安全感的金钱，甚至连走过了15年的婚姻也摇摇欲坠；忽然间，一切的一切，似乎都蜷缩成了一个0，而她就在其中，空虚而无力地活着。

2

他（林言老公）是在她（林言）最艰难的时候出现的。

林言曾经以为，也许，他们会这样一直一起走下去——一辈子。就像双方决定结婚时达成的默契——“要么不结；结了，就不

离。”——可是，现在，忽然地，林言再也提不起当年坚持这个念头的底气。生活不是杀猪刀（哪有那样干脆！），生活是一捧冷灰；一捧还没尽情燃烧过就已经熄灭的冷火，任你怎样拨弄、翻腾，也激不起半点儿火星。

找不着谁对谁错，找不着原因所在，只是，走着走着，就这么远离了、陌生了、再也不会牵着手了。而林言则曾经那样坚决地认为，这双曾经在她最艰难时向她伸出来的手，会让她一辈子温暖。

是她太依赖吧，所以那么失望？是他觉得给予太多吧，所以觉得无法负担？总之，像两部错了时的钟表，忘记了是哪一个先走错了一步，接着，两个人，就这么无法同步了：就这样，只是依循着自己的轨迹，各自回环、旋转、往复……

很痛苦，这种眼看双方各自远离却又无法挽留的感觉实在压抑。

也许，是她的原因吧，那几年，太拼了，总在忙，忽视了他的感受，娃都跟自己不亲呢，更何况他一个大男人。他有权利、有理由埋怨；他有他的想法。可是，他本是知道：她就是忙碌的呀！——他们的相识，不就是在林言完成一次节目的忙碌中吗？他是林言搭档的同学，受同学所托，帮忙寻找、联系到节目的一位嘉宾；本来，林言也以为，除此之外，他们不会有什么故事。她很忙，忙得没有时间开始新的恋爱；也没有时间感受所谓上一次“失恋”的痛苦；她只是借到了这个单位来，调动手续还遥遥无期；在专业上，自己又是笨鸟先飞，得拼命地学习和加速。她如愿、充实，但也惶恐。因为，在这个城市，她不知道，能不能通过自己的努力，留下来，成为它的主人，而不是一名过客。她只想到这些——毕竟比起生存，恋爱是一件奢侈的事。所以，她忙着加班，忙着一次又一次的采访，一期又一期的录制；一头让自己提前进入中年的短发，满脸都是在厚厚的粉底和发烫的灯光下捂出来的痘痘。除了上舞台，从不穿高跟鞋；除了要上镜，从不在生活里化妆。除此之外，还有不时爆发的焦虑、紧张和张惶无依。这对将自己打理得一丝不苟，总是衣冠楚楚的他来说，无疑是个异类。她和他，怎会有故事？时间又过去了三年。然后，有一天中午，照常在办公室加班赶片子的林言照常饿着肚子，照常接了几个电话：都是邀她出去吃饭的——林言不想去，太误事。这么去去回回，太耽误时间，不是她的习惯。又剪了一阵，有一个电话——是他，他也算是林言搭档牵头的单身组（几个单身的同事平时没事就往一块儿凑凑）的一员，前两年才加入，刚跟组织过了两个“单身情人节”——“吃了没？”“没有，剪片儿呢。”“这会儿还没吃？！”“正常嘛。”“要不你来跟我们吃了再弄吧？”“不用，不饿。”“来吧来吧，现成的，耽误不了多长时间。你这饿得也太长了。”“真不饿。你们吃吧。”“……”“没事我挂了啊？”“干脆，你不来，我给你送点儿？”（新鲜，还没人给自己送过饭呢。）“不用不用，你们吃你们的。”挂了电话，继续忙碌。是得抓点儿紧，再弄不完，别说午饭，晚饭的点儿都到了。过了不一会儿，电话又响：“谁？”“我，在你门口。”“做什么？”“给你送饭呀！”“你还真送了？”（还真送了？）“那还有假？赶紧的，趁热！凉了不好吃了！”林言忙关了办公室门，赶到楼门口——果然，可不是他吗？拎着两个快餐盒子。“在这呢！——干你们这行也得饿得（支撑得住的意思）呀。”他一边跨过路来，一边跟林言打着招呼，把盒子递到林言手里。林言有些不好意思：“那你吃了没？”“我也还没吃。前天出差，我们也才刚回。”林言大出意外。“啊？太不好意思了啊，还让你饿着肚子来！”（还真没想到他会来，是有点儿过意不去呢。）“快吃吧，我走啦。”冲林言挥了挥手，他便朝外走了。“走了啊，我也吃去了！”看着他走出大门，林言拎着饭盒回了办公室。坐下来，打开饭盒一看——家常饭菜，没什么特殊的；只是，果然热热乎乎，表白着自己出锅不久。接触着暖暖的饭盒，林言的心，也那么的，暖了一下。

过后仔细想想，其实，后来，他也再没有给她上班送过饭——这是仅有的一次；不过，这仅有的一次，对林言，似乎也够了。经过了3年，她的想法也变了。还是一样的拼，一样的惶恐，可她，更渴望安定了：同事们先先后后走进了婚姻，而她的年纪，也早已跨入了当年所谓的“大龄”行列；这个“安定”，也许，就是一个“家”——一个可以卸下一切的地方；一个能跟自己一块面对、一块分担、同甘共苦的伴侣。这个“安定”对他来说，也许也是一样吧。半年后，揣着攒下的6000块钱，林言嫁了；又过了3个月以后，在单位分给他的那套50多平米的房改房攒够了基本的家具，再提前赶出了两期片子——他们办了酒；婚礼当天，林言唯一佩戴的首饰，是手上的一个白金戒指。

重要的是心意，不在于金钱。直到现在，林言也还是这么想的。也许，她是可以找个更“有钱”的嫁的（在这个城市，人们对所谓的“电视节目主持人”，总是有几分好奇的），可人家未必会给自己“送饭”（那也未必啊）吧——不是说，非要有那“矫情”的形式；而是，他能想得到，就够了。就是那一刻，她固执地认定：这个男人，能分担她面对的惶恐，理解她要的安定，在意她承受的冷暖。总之，能与她，走下去……

曾经有过好时光。刚生了女儿，足了百天，着一身红装，怀抱胖胖的宝宝，站在大院里的一株盛开的红梅树下，元月份的雪地里，林言白胖、圆润，娘儿俩粉生生的脸蛋紧紧贴着，看着对面拍照的爸爸笑得幸福、满足。宝儿是他俩的心肝宝贝。看着她，跟着她，他们的日子累加着甜蜜。记得宝儿特别喜欢雪，从小时候在怀里闹着要看雪，到下地姗姗学步要玩雪，也不顾劝阻，拽着林言俯下来的帽绳，朝着爸爸的方向，在雪地上摇摇晃晃。还有，宝儿泡温泉。怕水深，爬在爸爸的背上，胖胖的小手搂着爸爸的脖子，在水里游来游去，一边朝着妈妈招手，一边开心地咧开了缺着两颗小牙的嘴。还有……后来，这样的照片越来越少了。宝儿长大了；而

林言的脸上，再也找不到那样的笑了。

是忙碌的错吗，是他再也不能承受她的忙碌吗？但是，他又何尝不也是忙碌的呢。在一个总是出差的行业，他的工作不是报纸加茶水；他也奔波紧张——那几年，她忙节目；节目停了，他又下了乡。同在一个城市，一个屋檐下，他俩却连见面都成为困难，交谈更是成为奢望（后来，他们失去了它）。

她知道他忙，她理解他忙——所以，在准备拆迁搬家的前夜，她一个人熬通宵打包行李；有了女儿后，一个人大着肚子挤公交，做产检，自己弄饭吃。然后，生了宝儿——也是林言妈早出晚归，早上：赶来帮手给林言做饭、帮宝儿洗尿布；晚上：替林言做好晚饭再赶回去自家吃晚饭（姐两口子都在工地，宝儿交给了林言妈，1岁多，还离不得人）。奶水够，况且，宝儿又乖，一夜不过吃几次——“何必两个人都要夜里起来？”——他说。林言觉得有道理，于是自己带宝儿睡，夜里自己把尿自己哺乳；晚归的他，歇在隔壁，睡得正香……

就这样，一天一天——直到，节目早停了，房子盖好了，他也返城了——可是，当生活的一切似乎都要“言归正传”的时候，身为生活的男女主角的他和她，却似乎回不去了。

是陌生——记不起，上一次坐下来好好聊聊是什么时候了；记不起，上一次牵手是什么时候了。话，积了太多，却无法张口；家，不知什么时候，只成了昼出夜伏。此外，因为他的睡眠不好，他们早就分房而居了。

而且，在这个林言几乎一片空白，他却在此出生、成长的城市，他有那么多的同学、朋友。他从来，不曾想要依赖，不曾有隙寂寞吧。

可是林言寂寞，侵入骨髓。当再一次面对惶恐的时候，已该“不惑”的她，却强烈地感觉到，自己压在最心底的，如刀子一般锋利和冰冷的——歇斯底里。他们吵过。谁家夫妻不吵呢？那是很久以前：又是晚归，又是无法将言谈继续下去的沉默——抓狂的林言举起了桌上满满当当的酒瓶，仰头灌下——大醉了一场。第二天清晨醒来，一个人躺在医院门诊的输液室里，翻江倒海，呕心吐胆。中年的女医生走过来，问——是有什么实在难受的事吧？林言没有回答——自己身体最重要。有些事情，当时觉得怎么也过不去；其实，过后想想，有什么过不去呢？什么都会过去。以后可不能这么喝了——林言点了点头。医生摇了摇头，举步离开；林言侧过头，眼泪滚滚而下。是你要得太多吗？林言？

他不是个坏人。他为人善良、仗义，朋友们都喜欢他；对老人也够孝顺和尊重，对宝儿也够宠爱。是你要得太多吗？林言？

有多少次，林言感到自己就像是一匹大漠冷月下的北方的狼，胸中的愤怒和攻击的欲望几乎要把自己撕裂——却只能独自在清冷寂寞里打着转，没有一点儿暖，没有一句问候可以给她一个方向……

自那以后，他们不吵了。然后——“活着活着，就老了；走着走着，就淡了。”

她不再与他交谈，不再问他晚归的原因，不再催促他回家；甚至，不想与他会面……她躲他，她开始变得沉默，甚至，冷漠。看着眼前这个日渐变得陌生的男人，连接近的欲望都没有——他注意到了她的变化，他总在暗示她：青春和激情正在离她远去——“正常，年纪大点儿都这样。”——可林言清清楚楚地知道：才不是这回事——她一点儿都不老，是这种生活冷淡了她的欲望；而她的青春和激情，它们将不是在沉默中爆发，就是在沉默中死亡……反正，这一切，他都不知道，他也不可能会知道了。

人未老，心已失。提什么相濡以沫，提什么白头到老！

爱情也好，婚姻也好——一捧冷灰。它们的结晶，只有一个浓缩的牵挂——宝儿。正在经历成长的宝儿无法也不能了知这一切。对，只要宝儿好，就什么都好了。为了她的幸福快乐，我愿用一切去换。

要勇敢。那位医生不是说得好吗？没有什么是过不去的——大道理对自己讲了一万遍，林言还是无法超脱。对呀，眼前最现实的问题是，如果自己从来没有谁可以依赖；而且，眼前的危机又似乎直逼着失业的危险，我又怎么让我的宝儿过得幸福快乐呢？如果真会失业——不！我真的不敢想象……

命运呀，你真的藏着秘密吗？它们真的是“礼物”？为何它如此丑陋、苦涩？

第六章 尾声

林言站在窗前。她已经站了很久，手上的茶早搁得冰凉，她也懒得去换，一直就这样盯着窗外。下了几天的雨，这时又淅沥起来；还有风，忽而起一阵，已经有尚绿的落叶被卷离枝头。有人说高原只有两个季节：夏季和冬季。无论什么时间，高原总是一雨成冬；只不过，寒意深浅而已。浓绿的夏等待着秋意的渲染，而今年的雨却从夏天开始便一直持续，混淆了换季的边缘；白露以后，它变得不紧不慢——只是下的执著缠绵，将人们眼里的绿丝丝抽去，又裹挟着渐深的寒意要渗入人的心里。

林言的工作在等待着她。桌上的电脑开着："频道整合改版方案"已经落了字，却还没有连成篇（局台部门领导都出差去了，一时半会儿不会有空）；然而，秋雨扰人，林言的心被那窗外的雨丝搅乱了。

林言想起那些在机关里度过的日子。时间久了，愤怒也就淡了。冷静想想，那样的生活，本也不是她想要的。

她知道，在那里——明天会和今天一样，后天会和明天一样；然后，后天以后的一辈子，也是一样。

那天，是她重新回到原单位上班的第一天。什么都没有变，又好像什么都变了。不变的，是日复一日年复一年的同样琐碎的工作；变了的，是日渐衰老了的面容和人与人之间的所谓的"级别"。她心里清楚：是时候努力认清并追求自己想要什么的时候了。年已不惑，应该给自己一个交代，给自己这难得的一生一个交代。这个交代，不一定是大家都觉得有价值、值得去追求的；但一定是自己最开心、最想去做的事情、最想达成的心愿。一个人，是应该有梦想的，而且，应该引以为荣；因为，它会使自己这看起来平淡的一生，充满了生命激情的光彩。活过，爱过，挣扎过，但为了梦想，吃一切苦头，都是值得的。是时候努力，从当下的每时每刻就开始努力，为了自己的梦想去战斗，也收获战斗的幸福——这才没有枉过一生啊。对她来说，在过去的时间里，她曾经有过一个为之努力、为之奋斗的目标；但现在，她又站在了起点上，这时，再为自己造一个梦，可以吗？还可以吗？

她也曾经失去过做梦的力气，那种感觉就像是被抽去了脊梁骨——空虚，无力，自卑，茫然；当然，还有疼痛。可是，人一生下来，就是注定要经历成长的。只是，有的人一路坦途，而有的人却坎坎坷坷；有的人顺理成章，有的人却要拼足老命。

林言想到了几年前。因为要做本科论文答辩的准备，林言请了假，去往学校所在的省会，住在姐姐家里。好久没见妹妹的姐姐，十分欢喜，妹，你来我真高兴！自小能干的姐姐做了一桌饭菜，倒上酒，和妹妹边吃边聊。一开始，大家都笑着，说着，可当林言听到姐姐述说自己到人才交流市场评聘副高职称的经历时，她的心痛到了极点——“年限也到，就是月份也反复加过，其他条件也全都符合，可是那里的工作人员愣是不给盖章，愣是说月份上还不够。怎么会不够？”本来一直平静讲述的姐姐，终于有颗眼泪夺

眶而出，声音也颤抖起来：“你不知道，他们有多冷漠，有多歧视！我没有办法，将月份一个月一个月地拆分了算给他们看。在得不到一点儿支持的时候，我哭了。我说：‘你们不能这么做，你们信不信，我就从这里跳（楼）下去！’——最后，他们才重新计算了月份，确认符合，这才盖了章。”姐姐的眼泪不断地流下来，又被她迅速地从纸巾盒扯出纸巾擦净，并且极力抑制住自己因哭泣而变了声调的嗓音。林言霎时默然，心里觉到了一种冷；又有一种酸楚正渐渐地扩散开去，几乎要泛到眼角：我知道。我知道你的屈辱；我都知道……姐！——姐姐是个外柔内刚的人，就是在为姐夫能得到心仪的工作而辞了职的日子里，林言也没见过她的眼泪。可今天——林言的心疼到了极点。面对那些一直声称是她们这些流动聘用工的后盾的公仆的亲人的服务者，她下了泪，崩溃到要以跳楼来争取自己的权利。谁是高贵的？那些人才是高贵的，那一秒，在他们面前，她已经伏到了地面。那冲口而出的一声：“在你们眼前跳下去！”——只是为了维护最后的一点点骄傲的自尊。是谁傻？是谁傻！林言呆在那里，心里像被抽空了一样难受，木然得说不出一句话。“不是不能等待，我们外聘工要评职称太难，流动大，履职难。况且，如果我不符合要求，我是不会到他们门上的。他们不细看材料，扫一眼，给的就是拒绝。”距离事情的发生已过去了一年；然而，Q上，电话里，姐姐从来没有说过这些事。阿姐啊！！！

不，姐姐不是这样歇斯底里的人。相比于林言，姐姐瘦小、单薄，巴掌大的脸蛋，虚眯的眼睛，常常抿着嘴笑。姐姐自小柔弱，常生病，脖子细，一碗饭端在手上能从天白吃到天黑，哥和林言一把就能把她推到墙根角里；快两岁了都还不会说话，差点儿让爸妈以为她是个哑巴。那一回，她一跤跌在自家门前沟里石板桥下，因为不会呼喊说话，爸妈翻箱倒柜寻了一天，就是工点的几个厕所都去掏了个遍，直到天擦了黑，才想起门口那块大石板——趴上石板俯身一看，好在是旱季，一米多深的沟里没有水，小二缩在沟底，已经睡着了。林言爸跳下沟，连忙把孩子抱了上来；林言妈一把搂进怀里，眼泪哗哗流了一脸。小时候，姐姐干过的最长出息的事，就是把凳子一个一个堆摞起来，直到屋顶，然后顺着一个一个爬了上去，把做活回来的林言妈吓得不轻，拽过来就往屁股上狠狠干了几巴掌。自小，姐姐就是妈妈的小帮手，也是最忠实的命令执行者、捍卫者。哥和林言爱野跑，行踪却常被掌握，都是姐姐经常“告状”的结果。她总在林言哥和林言“野跑”出去后，摸准了他们的去向和秘密：“妈！哥带林言游水去了！”“妈！哥带林言上山打气枪去了！”“妈！哥今天晚上没上晚自习……”于是，野跑回来的大哥和林言便乖乖受打。为此，大哥恨极，常常揍得她哇哇哭。有时，三人一块儿出去，半道上哥就拽着林言歪七拐八狂跑，想方设法就是要把她“折脱”掉。可姐还是那样，照常跟爸妈打着“小报告”；照常在放学后跟妈去找猪草，小背篓里背得满满；照

常跟妈一起洗工点招待所的被单，跟妈拧水时小脸儿憋得红红；照常在每次吃完饭后忙着收桌子洗碗。姐初中毕业上了技校，最早工作，成了家里第三个挣钱的人。第一回领工资返家，给哥买了一件漂亮的夹克；给林言买了一双时髦的“旅游鞋”；剩下的钱，全交给了爸妈。她自己依旧穿着上学时的旧衣服，只是剪了一个“幸子”头，催着大哥和林言试衣服鞋子，一边说着“合适合适”，一边虚眯着眼睛，抿着嘴笑。工作几年后，姐姐不声不响考上了成人学院，脱产学习几年后，成了一名会计，也成了这家里的第一个大学生。姐也最先成了家，姐夫是一名工程师，孩子出生断了奶，交给了爸妈带，夫妻俩都上了工地。后来，俩人一起参加了省城另一家单位的专业人员外聘考试，都考取了——可新单位有个条件：夫

妻俩不能在同一个单位从业；也就是说，考取的两人，只能要一个。而且，老东家也有个条件：夫妻俩一个要走，另一个也别留。想来想去，姐姐辞了职。到了新单位，姐夫去了工程部报到；姐姐虽说没身份，却因为考试成绩不低，也签了临时聘用合同，在单位的一个下属部门上了班。虽说，只是临时签聘，待遇也不能和正式聘用工相比，但姐姐仍然很高兴：这回，可以把上小学的娃接到身边来了，一家三口，总算在一起啦！姐勤快、能干，身形瘦小，做事却麻利快速，姐夫在家里大事小事不做主，都是姐姐拿主意，姐姐却都能一一处理，事事妥帖……林言暗暗佩服姐姐：她是那么坚强、那么笃定啊，怎么可能如此歇斯底里？！

姐姐的经历，让林言想起妈妈。在初中毕业考上技校那年，报到前要带林言到县城检查身体，妈妈想带女儿到办公大楼搭车，可是遭到了拒绝。说是车子是要去县城，可是有要事，不能搭。倔强的林言妈，不能放过这唯一的机会：明天就检查身体，上点又没有班车。我们只跟车到县城，绝不耽误你们办事！工作人员转身进了大楼，林言妈拉着女儿在车前蹲下。直候到几个小时后楼里的人再度出来。这些事，妈妈也从来没有说起过。提起这件事，是因为林言问起童年，这时的林言妈已经是奶奶和外婆，淡淡地摇了摇一头花白的头发……

人啊！为什么不能彼此相助啊，在人们互相需要，而又可以给予的时候？这世界为何如此吝啬？吝啬到人们都不愿付出一点点温

情彼此取暖？

还有哥。直到现在，林言仍记得大哥的惶恐。那一年，还在厂子实习的她和哥哥蹲在修理厂的墙角边，看着前脸损坏的“面的”，一个“愁”字压在心头。像当年她闯下了那个30元钱的祸一样，哥哥今天出车，把一个横穿马路的骑车小伙子给撞了。小伙子一溜烟飞也似的从巷子里横冲出来，哥哥一脚没刹住，单车就碰上了，小伙子跟着车子一屁股歪在地上，爬起来就想跑，被林言哥一把拽住了，报了交警队处理。双方都被扣了车，等着说定日子去协商解决。出了交警队，哥的“面的”进了修理厂，前脸瘪了，漆也掉了；好在小伙子人没事儿，拍拍屁股，撂下旧单车走了。几天后，说定处理的日子，那小伙子并没有到场（以后也始终没有来）；拿到了放行条，哥和林言赶到修理厂，看着面目一改的车子心痛。哥哥的“面的”是租来的，跑的时间也还不长，除了交份子，没挣下几个钱；眼看又歇了这几天，一块钱的进账都没有，还得照例交份子钱、停车费……当然，这些和即将花出的几千块的修理费相比简直不值一提……这些数字像合伙实践着一个阴谋，勾肩搭背、暗度陈仓，合成了一团身形巨大的阴影，压得林言哥真个是失魂落魄、动弹不得——无论如何，总得给人把车修好；无论多少，他们都只能回家去要——可，家里最缺的不就是这个东西吗？自打高中毕业，跟爸妈张口都几回了？从小到大，他熬煎出了妈妈多少眼泪？……林言哥自小“天生顽劣”（林言爸语），跟书本

“上世结仇”（林言妈语），没少挨打；8、9岁那年，着了工点的一种不知名的毒虫，一晚间，被咬的胳膊肿得比大腿还粗，眼见得伤口渐渐发黑发硬，向上逐渐肿至肩膀，林言爸妈急得无主。林言妈剪了一大绺头发先紧扎住了伤口，林言爸背着孩子就朝工点的医务室狂奔。到了医务室，说是救不了；得赶紧上县里基地医院！林言爸妈慌忙又朝县里去。好不容易，一路紧赶慢赶到了基地医院，老大胳膊已经硬黑得连针都扎不进——这胳膊……这什么虫？……这胳膊……硬成这样！……只怕要坏死……先治着看吧。值班医生摇着头，说出的每一句话都像一个炸雷，震得林言爸的耳朵嗡嗡直响。忍着慌乱，带着儿子在医院住下，接连吊了一个多星期的青霉素，那胳膊竟渐渐好转，黑紫渐至消失，直到后来彻底消了肿——那条曾经精力充沛、陪伴主人上蹿下跳的胳膊重又恢复了生气……都说大难不死，必有后福。可林言哥活得磨难。林言哥长得帅气，脾气也温和，朋友一大堆，就是不好读书，愁得林言妈只怕他步了自己的后尘，更怕他闲了学了坏——那样，孩子一生就都完了。高中毕了业，最想去当兵，偏偏眼睛查出了近视；想顶职，跟爸上了工地，爸也申请了提前退休，可恰逢政策调整，林言哥的职还是没顶上；又跟同伴去招工，先就交了几百块钱押金，一直没候到通知，连忙去找问——招工的人影儿都没了，十几个伙伴的押金都打了水漂。无奈何，林言哥咬咬牙，跟爸妈要了钱，学了3年大车驾驶技能培训，拿到证，先是给人拉液化气；后来，盘算着跑“面

的”——车才租过来没到一个月，就出了这事……

又一次跟爸妈张了口，修好车以后，哥打定主意不再开出租，先在路边摆了一阵子单车修理摊，又找问着上馆子给人拉了几个月的海鲜，到商场卖了一年多的电器；最后，还了爸妈修车钱，置办了家什，在烧烤街上占了个摊位，撑起红伞卖起了烧烤。几年熬更守夜攒下了钱，爸妈姐妹又凑了点儿，买了一辆货车跑货运，一直小心翼翼。除了车坏过，再没有一次肇事。靠着一双手和两个车轱辘，和打工的女友挣下了房子，结了婚，生了儿子。可是，近几年，个体货运也不好跑了：车不大、运费低，一趟下来能持平都算不错——弄得常常是不接生意不是，接生意也不是。等货的地方也是僧多粥少，运费越发低得不可想象，大哥的日子又一次难熬起来。眼看着一天天“抬滑竿”，车子天天在跌价，人也闲得心发慌，一狠心，大哥寻到人把车卖了，打算另谋出路。看找了一段时间，却是一点儿眉目也没有，眼看着家里花销只出不进，心急如焚。

哥哥姐姐比自己更难呢。是啊，为了生存的五斗米，哪一个又能活得轻松呢？面对着生活的四壁，面对这一重重冰冷厚重的墙，每个人都是困兽。我们要怎样找到自己的出口啊？！

可是，要加油啊！一定要！好——好——活——下——去！

到省城的第二天，林言找到了进行论文开题指导的教室。与教授辩论确认了自己的论题后，林言坐在窗前。此时，校园里满园皆绿，学子少年正是人面桃花，他们那样笑着，阳光下意气风发。忽然，林言想起了自己15岁时候的选择：那时，她放弃了继续念书考上大学的机会，因为她不知道自己是否做得到，她也不曾知道自己的现在。但是，此刻，她坐在了大学里，她正坐在这所大学的教室里。不是那种短促的进修和培训，她是经过了很多年，结婚生孩子，边工作边学习，考过了每门课程，修足了毕业的学分，坐在这里等待毕业——是的。林言对自己说：年近不惑也罢，10年也罢，即使，这是别人可以轻易得到的一切，无论如何，我做到了。加油，林言；无论如何，走下去。

生活就是这样：好好坏坏，而她林言又似乎总是无功而返——然后，又倔强地收拾残局，不肯认输。的确，我们都知道这样一个事实：人生下来，活不活，活得怎么样，从来都由不得自己；但是，林言相信，一次次摔倒、爬起，会使我们习得思考的能力，学会承受这种痛，也学会领受生活的一切馈赠并且还能为此而感恩。

要加油啊！就像这阴霾的天气，你怎知，厚厚的云层后面不是你一直等待的蓝天？也许，太阳和蓝天一直都在——只是，你需要自己去撕开笼罩你的一切……

“——铃”

手机的铃声在这静静的办公室里响得格外清晰，窗外暗下来，暮色渐起了，手机的光在这未及开灯的房间里闪闪烁烁；似乎，它正倔强地想用自己的光亮把暗黑的周围都照亮——如梦初醒的林言

走回桌边——是姐姐。她说，她的职称早聘下来了；除了职称工资，去年底评上的优秀员工奖励金，就在今天下午，全额兑现到了手上。这一年来，女儿上了高中住校，闲不下来的她在下班后报了英语学校的学习班，正学得不亦乐乎；还有，认购的那套单位附近的新小区的商品房也在上个月付清了尾款。她剪了新发型，并且也常和同学出去聚会。等英语学好了，英语学校有出国援助的计划，她想参加。

好啊，林言想。前几天，大哥也用上了微信。他也找到了工作——在一家设计公司当司机。他说，老板人年轻，但人还不错，公司里的一帮年轻人都很好相处。在他们的帮忙下，他在办公室电脑上做个表格写个通知都没问题了。他想再多学一些——这样，除了公司用车以外，在行政上也还能帮上些忙。

妈妈也有好消息：上个月，十多年高血压病史、年近古稀的林言妈又住了一次院。这一次发作时间稍长却又再度消失的心梗症状，差点儿又让急诊科医生拒绝开出住院单——在林言的坚持下，林言妈终于在入院几天后查出了高血压极高危和冠心病2期，原来反复的背痛和肋下疼痛也有了解释。出了院，按医嘱购了药，林言妈让林言爸给她念单子：这回好了，一个月要差不多一千块钱，这哪里是在吃药，真个是在吃白花花的银子呢！——哪怕吃银子也好！几年前，老房子发作那一回，林言妈憋得浑身颤抖，嘴唇乌青，林言爸将她背下了六楼急忙忙往医院赶，林言妈凑着林言爸耳朵，挣扎着勉强言语：把、孩子、们、都、叫来吧……那时的妈妈，应该是已经感觉到死亡了吧？

一切都正在变好，不是吗？

黑暗里，手机仍在不停地闪烁着——是微信。这东西，来势迅猛，像当年的电报发明，突然颠覆了人们的生活，突然密切而又生疏了人们的关系，突然让人们觉得表达自己是多么迫不及待——此刻，人们又不知 “煲”出了或者“喝”下了多少“心灵鸡汤”罢……林言忍不住笑了。是呀，生存不易，人们需要鼓励，需要彼此取暖——“鸡汤”也是汤嘛。

在难受的时候，林言总是抬头望着天空：它那样博大，仿佛没有尽头。人的心也可以那样吗？能包容一切？而她在那同时，也会想起那些野地里盛开的蒲公英，它们是那么坚强，那么倔强，在哪里都可以扎下根，然后开出花儿来。

年已不惑又怎样？即使卑微，我仍要努力生长。我，也是那株被屋檐挡住了的爬山虎，越是要阻止，我就越要向上。

那被秋雨遮住了的天空又怎样？尽管此时一片阴霾甚至黑暗，但在那之后，它仍然高远、寥廓；在那之后，它仍然是高原才有的清澈的蓝与明亮。

站了这许久，林言开始感觉身上冷起来，她转身将放在椅背上的风衣披上，坐下——在这薄寒的秋夜里，她深深地吸了一口已有些微冷冽的空气——她开始敲击仍闪烁着电源灯的键盘：不管怎

样，我首先得完成它。

窗外，依旧雨丝连绵；临近中秋，夜色渐浓了。

是啊，这个秋天来得如此之早；也许今年的冬天也会特别冷吧。不过，那又怎样呢？

人的一生，没有意义；你要赋予它一个意义。

生命本身就是一场折腾，你只能等它自己尘埃落定。